SONGES
PHILOSOPHIQUES,

PREMIERE PARTIE.

SONGES
PHILOSOPHIQUES,
PREMIERE PARTIE.
Par M. MERCIER.

Novi nostrorum ingenia : quia nugari me credent, omnes habebo. Ita insinuato amore potionis, addam salubres herbas.

Jo. Bar. Argenis, L. 2.

A LONDRES,
Et se trouve à Paris,
Chez LEJAY, Libraire, Quai de Gêvres,
au grand Corneille.

·······················

M. DCC. LXVIII.

TABLE DES SONGES.

Songe I.	*L'Optimisme.*
Songe II.	*De l'Ame.*
Songe III.	*De la cupidité & de la vertu.*
Songe IV.	*Les Lunettes.*
Songe V.	*De la Royauté & de la Tyrannie.*
Songe VI.	*D'un Monde heureux.*
Songe VII.	*De la Guerre.*
Songe VIII.	*De l'Amour.*
Songe IX.	*De la Fortune & de la Gloire.*
Songe X.	*Le ruisseau Philosophique.*

AVERTISSEMENT.

ON donne cet Ouvrage sous le titre de Songes, parce qu'il convient plus que tout autre à nos opinions sur plusieurs objets qui sont hors de notre portée ; mais on se flatte qu'on y retrouvera les grands & vrais principes de la morale, si nécessaires à l'homme, défendus avec courage, & exposés avec cette exactitude qui naît de l'intime persuasion. Il est des vérités qui sont notre appui, notre consolation, notre grandeur & notre force, & que tout Écrivain ami des hommes, doit soutenir hautement, & rappeller fréquemment : ce sont elles qu'on a eu principalement en vûe dans le cours de ce Livre. On doit l'idée des deux premiers Songes, à un Ouvrage Anglois dont on ignore l'Auteur ; & si l'on s'est permis quelque ornement, c'est qu'on a consulté le goût de la Nation pour laquelle on écrivoit. L'image du séjour de la Royauté & de la Tyrannie, qui se trouve dans le Songe cinquiéme, appartient à Dion Chrysostome ; ce beau morceau étant trop peu connu, même des gens de Lettres, on a cru devoir en faire usage, en lui donnant la forme la plus heureuse qu'il pouvoit recevoir, transporté dans notre Langue. Les autres Songes sont tirés de l'imagination de l'Auteur.

SONGES
PHILOSOPHIQUES,
PREMIERE PARTIE.

SONGE PREMIER.
L'Optimisme.

J'Avois réfléchi un jour entier sur le bonheur qui est le partage du méchant, & sur l'infortune qui poursuit l'homme vertueux, la nuit déployoit ses voiles ; mais qui peut dormir sur le duvet, tandis que le malheureux souffre, & que ses gémissemens plaintifs accusent notre repos, tandis qu'ils réveillent dans nos cœurs l'invincible sentiment de la pitié ? Ce n'est point le Philosophe, ou pour mieux le qualifier, ce n'est point l'ami des hommes : son ame sensible est trop bien liée au sort de son semblable, pour qu'elle s'isole comme celle du méchant. L'ame de l'homme vertueux ne veut point être heureuse, ou veut l'être avec l'univers.

Mes sens affoiblis avoient cédé aux pavots du sommeil ; mais ma pensée libre & puissante n'en suivit pas moins le cours de ses méditations. Je ne perdis point de vûe les destins de l'infortuné ; mon cœur veilloit & s'intéressoit pour lui. J'étois encore irrité (quoiqu'en songe) du spectacle que m'offroit cette misérable terre, où le vice insolent triomphe, où la vertu timide est flétrie, persécutée. J'éprouvois ces tourmens, dont ne peut se défendre l'homme qui ne resserre point son être dans le point de son existence. Attristé, je traversois d'un pas lent les belles campagnes d'Azora; mais la tranquillité qui régnoit sur la face riante de la Nature, ne pénétroit point jusqu'à mon cœur. Toutes les scènes d'injustices, de forfaits, de tyrannie, s'offrirent plus vivement à ma pensée. D'un côté j'entendois les cris de l'indigence affamée, qui se perdoient dans les airs; de l'autre, la joie folle & bruyante d'hommes insensibles & barbares, regorgeant de superfluités. Tous les malheurs qui accablent la race humaine, tous les chagrins qui la ruinent & la dévorent, se retracerent en foule à ma mémoire; je soupirai, & la pointe douce & amere de la pitié blessa délicieusement mon cœur. Des larmes brûlantes ruisselerent sur mes joues: j'exhalai mes plaintes, & j'oubliai la sagesse, jusqu'à murmurer contre la main puissante qui arrangea les événemens du monde. Dieu! m'écriai-je, que mon oreille n'entende plus les soupirs de la misere & les hurlemens du désespoir; que mes yeux ne tombent plus sur l'homme égorgeant son semblable; que je ne sois plus témoin du glaive étincelant du despotisme, & des chaînes honteuses de l'esclavage, ou donne-moi un autre cœur, afin que je ne souffre plus avec un monde de malheureux! Hélas! tu as donné la vie à tant d'innocentes créatures qui ne te la demandoient pas! étoit-ce seulement pour les voir naître, souffrir & mourir? La douleur parcourt ce triste univers comme un ouragan fougueux, tandis que le plaisir est aussi rare & aussi léger que l'aîle inconstante du zéphyr.

J'allois continuer mes plaintes, lorsque je me sentis enlevé dans les airs par une force inconnue: la terre trembloit, le ciel s'allumoit d'éclairs, & mon œil mesuroit avec effroi l'espace immense qui se découvroit sous mes pieds. Je reconnus que j'avois péché. Je criois: *grace, ô mon Dieu, grace à une foible créature qui t'adore, mais dont le cœur a été trop sensible aux maux de l'humanité.* Tout à coup je sentis mes pieds affermis sur un sol inconnu; je me trouvai dans une obscurité profonde, j'y restai plongé quelque tems, & voici qu'un rayon plus rapide & plus perçant que l'éclair, vint dissiper les ténebres qui m'enveloppoient. Un Génie revêtu de six aîles brillantes, se présenta devant moi : à la flamme céleste qui luisoit sur sa tête, aux caracteres de la Divinité empreints sur son visage lumineux, je le reconnus pour un des Anges de l'Éternel. *Écoute*, me dit-il, d'un ton qui me rendit le courage, *écoute, & ne censure pas plus longtems la Providence, faute de la mieux connoître : suis-moi*. Je le suivis au pied d'une montagne, dont le sommet fendoit les cieux. Je monte, ou plutôt je gravis : figurez-vous des rochers énormes suspendus les uns sur les autres, qui, à chaque instant, menacent de tomber & d'écraser les plaines. Au milieu de ces points de vûe effrayans, l'œil cherchoit en vain un arbre ou une plante, qui lui rappellât la Nature animée ; il ne découvroit qu'une chaîne de rocs à moitié calcinés par les éclats de la foudre? Je fuivois en tremblant mon conducteur, & les hurlemens des tigres & des lions, rendus plus affreux par l'écho, épouvantoient mon oreille : à chaque pas j'avois befoin du bras de cet Ange fecourable pour me foutenir, & je voyois à mes côtés, ô fpectacle terrible ! des compagnons malheureux, qui, voulant efcalader ces rochers élevés, fe tenoient fufpendus à leurs pointes, mais qui bientôt laffés de l'effort, chanceloient, appelloient en vain à leur fecours, rouloient, tomboient écrafés, & devenoient la proie des tigres qui fe difputoient dans les vallons leurs membres palpitans.

Je crus qu'un pareil fort m'attendoit, lorfque l'Ange me dit : *ainfi la Providence punit l'audace téméraire des mortels ; pourquoi l'homme veut-il pénétrer ce qui eft impénétrable ? fon premier devoir eft de reconnoître fa foibleffe, tout roule invifiblement fous la main d'un Dieu ; ce Dieu veut te pardonner, il veut plus, il veut t'éclairer.*

A ces mots, il me toucha la main, & je me trouvai au sommet de la montagne. Quelle douce surprise ! le penchant opposé où nous descendîmes, étoit un jardin, à la fois agréable & magnifique, où la verdure, le chant des oiseaux, le parfum des fleurs enchantoient tous les sens; un charme supérieur y passionnoit l'être le plus indifférent. Mon divin conducteur me montra dans l'éloignement un temple d'étonnante structure ; la route qui y conduisoit étoit si mystérieuse, que sans guide il étoit impossible d'y parvenir.

A notre approche les portes du temple s'ouvrirent ; nous entrâmes, & soudain elles se refermerent avec un bruit de tonnerre, sous une main invisible : personne ne peut les ouvrir, personne ne peut les fermer, si ce n'est la voix puissante de Dieu, me dit mon protecteur auguste. Saisi de respect, je lûs ces mots écrits en lettres d'or : *Dieu est juste ; sa voie est cachée, qui osera vouloir approfondir ses décrets ?*

Je jettai un coup d'œil sur la hauteur magnifique de ce temple: tout cet édifice majestueux reposoit sur trois colonnes de marbre blanc; au milieu s'élevoit un autel; à la place de l'image de la Divinité montoit une fumée odoriférante, dont la douce vapeur remplissoit le temple. A droite de l'autel étoit suspendu un tableau de marbre noir, & vis-à-vis étoit un miroir composé du plus pur crystal. L'Ange me dit: *c'est ici que tu vas apprendre que, si la Providence rend quelquefois un homme de bien malheureux, c'est pour le conduire plus sûrement au bonheur.* Il dit, & disparut. Ce n'est plus la froide terreur qui glace mes sens, c'est une joie pure, douce, ineffable, qui remplit mon ame. Je versai des pleurs d'attendrissement; mes genoux fléchirent, mes bras se leverent vers le ciel, & je ne pus qu'adorer en silence la Bonté suprême. Une voix majestueuse qui n'avoit rien de terrible me dit: *leve-toi, regardes & lis.*

Je portai les yeux sur le miroir, & j'y vis mon ami Sadak, Sadak dont la vertu constante & courageuse m'avoit souvent étonné, qui dans l'indigence savoit la braver & même la faire respecter. Je le vis assis dans une chambre dont les murs étoient dépouillés ; il appuyoit sa tête languissante sur le dernier meuble qui lui restoit, le cœur consumé par la faim, & par le désespoir plus cruel encore. Une seule larme s'échappoit de sa paupiere, larme de sang ! malheureux, il n'osoit pleurer. Quatre enfans crioient à leur pere, & lui demandoient du pain ; le plus jeune foible & languissant, couché sur un reste de paille, n'avoit plus la force de gémir, il exhaloit les derniers soupirs d'une vie innocente. La femme de cet infortuné, aigrie par le malheur, oublioit sa tendresse & sa douceur naturelle, pour lui reprocher l'excès de leur misere. Ces plaintes cruelles déchiroient son cœur, & ajoutoient à son supplice ; Sadak se leve, détourne la vûe de ses enfans, &, tout malade qu'il est, se traîne pour leur chercher quelque secours. Il rencontre un homme auquel il avoit rendu, ci-devant, les plus grands services; cet homme lui devoit l'emploi honnête dont il jouissoit. Sadak lui expose l'état déplorable où il se trouve; il lui peint ses enfans prêts à expirer dans ses bras, faute d'un peu d'alimens... Celui-ci rougit d'être forcé de le reconnoître, regarde d'un œil inquiet si on ne l'observe point parlant à un homme qui porte la livrée de l'indigence; il se débarrasse du pauvre suppliant par de vagues promesses, & par des politesses froides, & tout à coup s'écarte à grands pas: c'étoit, au moins, pour la dixiéme fois qu'il traitoit avec inhumanité celui de qui il tenoit tout. Sadak désespéré porte ses pas au hazard, lorsqu'un de ses créanciers l'arrête, le charge d'injures, rassemble le peuple autour du malheureux, le menace publiquement, & est prêt à le frapper, plus par mépris que par courroux. Enfin, je le vis errant de porte en porte, tendre une main suppliante, tantôt rebuté, tantôt recevant l'aumône qu'on donne à l'importunité : il achette un pain, le porte, le partage à ses enfans, pleure de joie en appaisant leur faim, & remercie à genoux la Providence des riches bénédictions qu'elle vient de répandre sur lui.

Je jettai un cri de douleur, d'étonnement & d'effroi. Mes yeux chargés de pleurs se tournerent sur le tableau de marbre noir, & une main invisible y traça ces mots : *Acheve de contempler Sadak, & condamnes, si tu l'oses, la Providence qui régle tout.* Je reportai la vûe dans le miroir, & j'y revis mon ami Sadak ; mais qu'il étoit changé ! que la scène étoit différente ! ce n'est plus l'indigent Sadak, pauvre il est vrai, mais tendre, vertueux, compatissant, plein d'honneur & d'humanité. C'est Sadak dans l'abondance, devenu opulent par un héritage inattendu ; c'est Sadak qui dans le sein corrupteur des richesses, a mis en oubli les vertus qui lui étoient cheres. Aſſoupi dans le luxe, il eſt dur, il commande avec aigreur, & ne ſouffrant plus, il ne ſe ſouvient point qu'il eſt des malheureux, & que lui-même l'a été. Je lûs auſſi-tôt avec une admiration reſpectueuſe, ce que le tableau myſtérieux m'enſeignoit. *Souvent la vertu ſouffre, parce qu'elle ceſſeroit d'être vertu, ſi elle ne combattoit pas. Lorſque l'Auguſte Providence fait deſcendre la miſere ſur la tête d'un mortel, la patience, ſa ſœur, l'accompagne, le courage la ſoutient, & c'eſt par ce don que la vertu ſe ſuffit à elle-même, & qu'elle devient heureuſe lors même que l'infortune ſemble l'accabler.*

Mon œil avide ne tarda point à ſe reporter ſur le miroir. Quel objet plus intéreſſant pour mon cœur! c'eſt ma patrie que j'apperçois, ma chere patrie, la ville heureuſe où j'ai pris naiſſance! mais ciel! que vois-je? tout à coup une armée formidable a inondé les campagnes, environné ſes fortes murailles, a préparé, pour ſa ruine, les machines infernales de la destruction. Le fer est prêt, la vengeance & la rage allument leurs flambeaux. O superbe ville ! tu trembles malgré tes fiers défenseurs. Tes trésors enflamment dans le cœur de l'ennemi, la soif du pillage. Tu veux lui opposer une courageuse résistance, vains efforts ! il monte, il escalade tes orgueilleuses tours ; le sang coule, la mort vole, la flamme ravage, tu n'es plus qu'un triste monceau de pierres que couvre une épaisse fumée. Mes malheureux concitoyens échappés à l'embrâsement errent dans les bois; mais l'horrible famine les attend dans ces déserts; elle les dévore lentement, & prolonge leur supplice & leur mort. Dieu juste ! m'écriai-je, un million d'hommes tomberont les victimes d'un seul ambitieux. Les enfans seront égorgés sur le sein de leurs meres ; les cheveux blanchis des vieillards seront traînés dans le sang & la poussiere ; l'innocente beauté deviendra la proie d'une foule meurtriere, une ville entiere disparoîtra, parce que la cupidité d'un monstre aura convoité ses richesses! *Un pays rempli de prévaricateurs*, (répondit le tableau) *mérite le châtiment d'une Divinité trop long-tems méprisée. Ceux qui n'étoient point coupables sont arrachés au danger de le devenir, & si la main de la Providence les a frappés, c'étoit pour les préserver d'un naufrage bien plus horrible que ne l'est le tourment d'une mort passagere ; leur refuge est dans le sein de la clémence d'un Dieu éternel.*

Le Palais du Ministre Aliacin dont les pyramides dorées percent la nue, s'élevoit avec trop de magnificence, pour qu'il ne vint point frapper mes regards. Que de fois l'indignation avoit saisi mon cœur à l'aspect de ce monstre heureux, qui, avec une ame venale, un cœur barbare, des mœurs dépravées, & un génie despotique, avoit comme enchaîné la fortune à son char! Son élévation étoit le fruit de ses bassesses; ses trésors le prix de sa trahison. Il avoit vendu sa patrie pour de l'or, & des vices frappés d'opprobres l'avoient décoré des plus rares dignités. Une Province entiere gémissoit sous sa dure oppression. Tantôt il rioit du foible murmure d'un peuple ployé à l'esclavage; tantôt il traitoit leurs gémissemens étouflés, de cris de révolte. Chaque jour il commettoit un nouvel attentat, & chaque jour le succès couronnoit son audace. Cependant l'intérieur de son Palais n'offroit, tant sur la soie que sur la toile, que des traits de générosité & des exemples de vertus. Les bustes des grands hommes de l'antiquité ornoient la maison du plus lâche scélérat, & ces marbres muets, loin de parler à son cœur, ne le faisoient pas même frémir lorsqu'il les regardoit. Je considérai ce méchant, revêtu de puissance, entouré de flatteurs, redouté de ses ennemis, encensé publiquement, & maudit, mais seulement tout bas. Mille raretés précieuses décoroient son cabinet, & chacune d'elles ne lui avoit coûté qu'une injustice. La pourpre dont il étoit couvert, étoit aux dépens de ceux qui alloient nuds, & le vin qu'on lui verfoit dans une coupe ornée de pierreries, pouvoit être confidéré, comme un extrait des pleurs qu'il faifoit répandre.

Il fort d'une table faftueufe, & va mettre aux pieds d'une concubine, le patrimoine d'un orphelin. Il fe tient avec elle à la fenêtre, & de-là, il voit tranquillement mettre à mort un citoyen fenfible & courageux, qui avoit ofé lui repréfenter l'abus de fon pouvoir. On étrangle l'homme de bien, & un courrier vient annoncer une heure après au Miniftre, que le Sultan pour reconnoître fes fervices fignalés, lui fait préfent d'une terre confidérable. Le monftre fourit, & en devenant plus puiffant, il fonge à fe rendre plus terrible.

Ma haine contre cet odieux tyran devint fi forte, qu'impatient, je tournois à plufieurs reprifes mes regards fur le tableau, comme pour hâter l'arrêt qu'il devoit prononcer, mais rien n'y paroiſſoit encore tracé. Ma vûe retombe triſtement ſur le cryſtal merveilleux. J'apperçus le monſtre qui entroit dans un cabinet ſecret; quelle ſatisfaction pour mon cœur! la Nature, les malheureux & la terre ſont vengés! cet homme puiſſant qui ſembloit le plus heureux des hommes, lit une lettre, pâlit, tremble, crie à voix baſſe, frappe ſon front de cette même main dont il égorgeoit l'innocent. Agité d'un déſeſpoir qu'il ne peut vaincre, il va, vient, erre en furieux, déchiré par la crainte, plus que par les remords. Il arrache toutes les marques de ſa dignité, les foule aux pieds, & dans ſa rage, il pleure comme un enfant. Je cherchois à deviner le ſujet de ſa fureur, lorſqu'un de ſes favoris, plus vil que ſon maître, perce juſques à ſon cabinet, & j'appris la cauſe de ſon déſeſpoir. Un de ſes confidens, eſpion à la Cour, venoit de lui écrire qu'un orage nouveau s'étoit formé, qu'il alloit perdre ſon rang & ſon crédit, s'il ne possédoit pas assez d'adresse pour détourner le coup : aussi-tôt, ce honteux favori conseilla, d'une voix ferme à son maître, ceque tout autre n'auroit pû entendre sans le punir de sa propre main. Ce conseil affreux plût au barbare. Il ordonna qu'on amenât sa fille en sa présence. Nouremi parut. Elle étoit belle, & elle avoit des vertus. Dieux ! avec quelle horreur elle entendit que son pere vouloit la livrer aux desirs du Sultan, comme une victime immolée à son insatiable ambition ! Elle tombe presque sans sentiment aux genoux de son pere, elle fait parler les pleurs de la beauté, de la nature, de l'innocence.... Un regard sévere lui commande d'obéir ; elle obéit, & meurt.

Aliacin en devint-il plus heureux ? je le vis dans l'asyle du repos ; étendu sur le duvet, ou plongé dans un bain délicieux, on le croiroit couché sur des épines. Il craint pour sa vie ; il se leve, il parcourt, à pas tremblans, son Palais ; il trouve ses esclaves endormis,

mis, & envie leur paisible sommeil. Le jour luit ; toujours inquiet, toujours soupçonneux, il frémit quand il mange ; il pâlit lorsqu'il boit, incertain s'il fait couler la nourriture ou la mort dans son sein. Il redoute jusqu'aux caresses des femmes qu'il tyrannise, & dont il est l'esclave. Si quelqu'un s'élève, mille serpens rongent son sein ; c'est l'adversaire qui doit un jour le renverser ; c'est l'homme redoutable qui doit s'asseoir à sa place.

Plein d'une attente respectueuse, je consultai la table des augustes jugemens de l'Éternel, & je lus : *La vérité est terrible au méchant ; elle est sans cesse présente à ses yeux ; c'est elle qui fait son supplice ; il ne voit que ce miroir redoutable, où il lit son injustice & la difformité de son ame.*

Tout à coup un bruit sourd, comme celui d'un tonnerre lointain, se fit entendre ; je tournai la vûe sur le Palais d'Aliacin. Ses jardins, ses pyramides, ses statues, lui-même, tout étoit disparu ! A la place de ce séjour, où

I. Partie. B

toutes les voluptés étoient rassemblées, on ne voyoit plus qu'un repaire de couleuvres impures, qui rampoient dans des marais fangeux. Tel est le fondement des Palais que le crime a bâtis. Ces mots suivans gravés sur le marbre noir me découvrirent ce qu'Aliacin étoit devenu. *Il a été balayé de dessus la terre comme la vile poussiere, & les races futures douteront s'il a existé.*

Cet effrayant tableau ne sortira jamais de ma mémoire, & depuis ce tems, je gémis en voyant un homme puissant; on contemple ses richesses, moi je le vois exposé au bras de la justice Divine. Mon œil plus attentif revola sur le miroir, & j'apperçus Mirza & Fatmé, amans tendres, généreux, & dans cet âge où l'on connoît l'enthousiasme de la vertu. Ce même jour venoit de les unir, & leur tendresse mutuelle leur promettoit une longue suite de jours aussi fortunés. La douce ivresse du bonheur brilloit dans leurs regards, leurs mains étoient entrelassées, & leurs soupirs se confondoient avec une douceur touchante. Fatmé avoit la beauté d'une vierge, sa pudeur, ses graces, & ce doux incarnat dont l'éclat est si fugitif. Le plus beau sein enfermoit le cœur le plus noble. Muet d'amour, l'ame plongée dans un ravissement inexprimable, Mirza embrassoit Fatmé, & des mots interrompus étoient les seuls & foibles interprêtes des mouvemens de son cœur. Fatmé récompensoit la tendresse de son amant d'un aimable sourire ; son front rougissoit, & ce rouge adorable étoit l'ouvrage de l'amour le plus pur. Comme leur silence exprimoit ce que leur langue ne pouvoit rendre ! Mon cœur tressaillit de joie au séduisant tableau de la Vertu couronnée des mains de l'Amour; & comment l'ami de l'homme pourroit-il voir deux cœurs heureux, sans être ému de plaisir, & sans applaudir à leur bonheur ?

Ces deux amans se félicitoient d'être unis, parce qu'ils pourroient faire le

B 2

bien ensemble. Ils étoient riches, & satisfaits de l'être, parce qu'ils pouvoient soulager la foule des malheureux. Le jour de leur hymen, ils voulurent que des cœurs aussi sensibles que les leurs, goûtâssent la même félicité. Ils marierent de jeunes filles à leurs jeunes amans, lorsque l'infortune étoit le seul obstacle qui s'opposoit à leur union. Mirza veut que tous les cœurs soient à l'unisson du sien; son ame sublime voudroit souffler sur la Nature entiere, une volupté universelle, inaltérable.» Chere Fatmé; (disoit-il) dans le sein du bonheur, nous
» pourrons dire: nous ne sommes pas
» les seuls heureux. Nous jouissons,
» & dans ce moment quelqu'un nous
» bénit ; nous avons fait descendre
» l'Hymen dans de tristes chaumieres.
» Des cœurs innocens se sont ouverts à
» la joie; l'Amour consolateur a effacé
» l'image de leur misere, & nous,
» nous verrons leurs enfans sourire à
» notre approche. Fatmé! leurs caresses feront notre plus douce récompense! «

Ces ames tendres & vertueuses formoient le plan d'une vie utile & bienfaisante ; leurs enfans devoient être élevés dans les saines maximes de la sagesse ; on devoit leur enseigner, avant tout, à être simples & bons, parce que la simplicité & la bonté sont le principe de toutes les vertus ; on devoit nourrir dans leur ame flexible & tendre, les impressions d'humanité & de commisération, parce qu'il faut être sensible, afin d'être homme. Ce couple charmant & respectable s'enflammant aux transports de leurs cœurs, voyoit déjà leur postérité hériter du sang généreux qui couloit dans leurs veines. Dans ce ravissement qu'inspirent l'Amour, la Vertu, le Bonheur, ils tombent à genoux devant l'Etre suprême. » Grand Dieu !
» (s'écrioient-ils) donne-nous des en-
» fans dignes de toi ; qu'ils soient hu-
» mains ; qu'ils marchent dans les voies
» de ta justice ; ou s'ils doivent s'écar-
» ter des loix saintes que nous chéris-
» sons, frappe-nous plutôt de stérilité,

» & qu'ils ne reçoivent pas une exis-
» tence qu'ils aviliroient à nos yeux
» comme aux tiens ». Leurs bras sup-
plians étoient entrelassés, lorsque le
plafond de la chambre crie, s'ébranle.
Fatmé s'évanouit de frayeur : Mirza
pouvoit encore se sauver ; mais comment abandonner sa chere Fatmé ! Il
veut l'enlever dans ses bras, le mur
chancelle, tombe, écrase & ensevelit
ces deux amans. Le monde perd son
plus digne ornement, & le genre humain l'exemple des plus rares vertus.

Je cachai mon visage pour pleurer
librement. Je souhaitai d'être accablé
sous ces tristes ruines avec Mirza &
Fatmé: long-tems immobile, je n'osai
hazarder mes regards sur le tableau.
Je levai enfin un œil tremblant, &
je lûs : *L'aveugle esprit de l'homme, ne
voit rien que dans le présent ; la Providence seule connoît l'avenir ; la mort
la plus soudaine a été la récompense
des vertus de Mirza & de Fatmé: elle
les a fait passer à un état de délices
dont ce monde n'offre point d'idée, en*

même tems qu'elle les a sauvés de l'horreur de mettre au jour des descendans indignes d'eux.

Je conclus que je ne devois rien décider désormais, moi, foible atome, dont la vûe bornée ne pouvoit embrasser ma propre existence. En regardant de nouveau l'incompréhensible miroir, j'eus un nouveau sujet d'étonnement; j'apperçus Agenor, malheureux jeune homme adonné à toute sorte d'excès, & le libertin le plus décidé d'une ville dissolue. Il étoit pâle, défait, violemment agité; il se promenoit à grands pas dans sa chambre; portant en fureur la main à son front, & prononçant à basse voix quelques imprécations. Il reste un moment comme irrésolu; bientôt toute sa rage éclate; il court à une armoire secrette, en tire un papier, verse dans une tasse d'une certaine poudre.... Oui, dit-il, avec des yeux allumés, ce poison sera l'unique ressource que j'embrasserai; il me sauvera de l'opprobre qui m'attend. L'infidelle Roxane me sacrifie à l'indigne Dabour : mon pere ne veut plus payer mes plaisirs ; mes créanciers me menacent chaque jour de la prison ; vengeons-nous à la fois de Roxane, de mon pere & de mes créanciers. Il portoit la tasse à sa bouche, & j'étois peu affligé de voir le monde perdre un débauché furieux, lorsque tout à coup il s'arrête. Quoi ! s'écria t il, d'un ton sourd & étouffé ; je mourrois, & sans être vengé ! perfide rival ! Ah ! je veux rougir la terre de ton sang ! Tu tomberas sous ma main, & ta mort doit satisfaire à ma fureur ! Il dit, pose la tasse, prend son cimeterre, & sort. A peine est-il dans la rue, que son pere, vénérable vieillard, monte à la chambre de son fils. Hélas ! il eût été heureux sans ce fils. On lisoit sur son front cette douleur vive qui abat une ame paternelle. Il venoit représenter à ce fils ingrat les loix de l'honneur, celles de la probité & du devoir. Il espéroit de toucher son cœur, de le ramener à la vertu. Ses rides, ses nobles rides, & ses cheveux blancs, les larmes qui baignoient son visage, tout inspiroit le respect & la pitié. En le voyant, l'ame la plus dure se seroit émue. Ce vieillard infortuné, fatigué des mouvemens qu'il s'étoit donné, étoit altéré. Il apperçoit la tasse fatale; il boit, tombe à terre, & rend l'ame dans les plus horribles convulsions. J'osai confier ma surprise à la Justice suprême, & elle traça de son doigt invisible, les mots suivans sur le tableau redoutable. *Le pere d'Agenor s'étoit rendu par sa coupable négligence, la cause de la perte de son fils, il étoit juste qu'Agenor devint à son tour l'instrument de son supplice. O peres! connoissez toute l'étendue de vos devoirs, & frémissez! Tolérer le vice, c'est le commettre.*

A peine ces mots furent-ils tracés, qu'ils disparurent, & ceux-ci prirent leur place. *Consideres le tout, afin de ne point errer;* & aussi-tôt j'apperçus dans le miroir une grande isle, séparée en deux par un fleuve. La partie droite formoit une plaine florissante, couverte de Palais somptueux, de jardins magnifiques; elle étoit peuplée d'hommes richement vêtus. La gauche, au contraire, présentoit un désert aride, ou quelques misérables cabannes entr'ouvertes, laissoient voir les indigens qui y menoient une vie obscure & pénible. Cette isle pouvoit être considérée comme une image du globe de la terre. On appelloit le pays à droite, le pays des heureux; des chants, des danses, des festins, des spectacles, sembloient leur unique occupation. La volupté fourioit dans les yeux des beautés tendres qui les accompagnoient; elles se laissoient mollement entraîner vers des ombrages solitaires. Cependant je remarquai que la plupart d'entre eux ne s'estimoient heureux, qu'autant qu'ils étoient apperçus des gens qui habitoient la rive opposée. Dans les repas les plus splendides, ils paroissoient d'une joie extrême, mais moi, qui découvrois leur cœur à nud, je le voyois dévoré de vers rongeurs. Ils sembloient à la table des

Dieux boire le nectar, & l'enfer étoit dans leur sein. Quoiqu'au sein de l'abondance, leurs desirs étoient loin d'être satisfaits ; ils n'avoient qu'une bouche pour savourer les alimens, & leur imagination active & insensée dépeuploit la terre & les mers, pour fournir de nouveaux mets à un Palais usé par des sensations trop fréquemment répétées. Parmi ces prétendus heureux, il en étoit qui quittoient tout à coup les plaisirs pour courir après un certain feu follet, au bruit des tambours & du canon. Ils revenoient tout sanglans, quelquefois mutilés, & alors ils se faisoient appeller *Héros*. D'autres faisoient les plus grands efforts pour monter au sommet d'un gradin, lequel étoit occupé, tandis qu'un peu plus bas, ils auroient pû trouver une place fort commode. Ils se tourmentoient d'une maniere étrange. Quelquefois on se moquoit d'eux, & le plus souvent on les jettoit au dernier rang. Rien ne les rebutoit, ils remontoient; & s'ils réussissoient, soit par adresse, soit par importunité, alors ils n'avoient pas seulement le tems de s'asseoir, assez embarrassés, assez occupés à repousser l'ambitieux, qui, à son tour, vouloit usurper leur place. Plus loin, j'appercevois des têtes légeres qui couroient çà & là, sans occupation comme sans affaires, semant des pieces d'or sans plaisir, & finissant par mettre le feu à leur Palais, pour réjouir un instant les yeux d'une concubine capricieuse. Ensuite, ils regagnoient à force de bras le pays désert, dit le pays des malheureux. Dans ce misérable séjour, on n'entendoit que des plaintes & des cris; tous les habitans marchoient courbés sous le fardeau d'une loupe de chair qui opprimoit le derriere de leur col. C'étoit d'un regard triste & envieux qu'ils contemploient le pays de félicité; & qu'obtenoient-ils par ces vains desirs? La bosse qu'ils portoient, devenoit beaucoup plus pesante; s'ils s'approchoient de ces hommes fortunés, ils entendoient les railleries piquantes lancées à l'envi l'un de l'autre, contre les misérables porteurs d'une loupe de chair. Il n'étoit pas facile, mais cependant il n'étoit pas absolument défendu aux habitans du pays malheureux, de traverser le fleuve à la nage, & de s'établir dans le pays des riches; mais après avoir essayé quelque tems de l'air du canton, ils revenoient presque tous volontairement, aimant mieux encore porter une bosse pesante, que d'être toujours en guerre avec leur propre conscience. Si quelqu'un se plaignoit de ce que sa loupe étoit beaucoup plus lourde que celle de son confrere, il avoit le pouvoir de l'échanger, mais il se repentoit ordinairement du troc, & reprenoit son premier fardeau. Ces masses de chair ne me parurent point aussi insupportables que le porteur l'assuroit; en général, il me sembla que si dans le pays de félicité, on exagéroit par air le sentiment du plaisir, dans le pays de mifere, on exagéroit par foiblesse le sentiment de la douleur ; car c'est une ancienne manie, & toujours subsistante, que celle de vouloir être plaint. Je remarquai que la mal-adresse de ces derniers, rendoit le fardeau beaucoup plus difficile qu'il n'étoit. Ceux qui savoient le porter allégrement, paroissoient contens & dispos. A peine l'habitude leur rendoit-elle le poids sensible; au lieu que ceux qui ne s'étudioient pas à savoir maintenir un juste équilibre, chanceloient à chaque pas, & rendoient leur marche très-pénible. Un autre avantage du pays de misere, c'est que ses habitans se confioient en assurance aux vagues irritées. Leur bosse les soutenoit toujours sur la surface des flots ; ils avoient beau être ballotés, les plus rudes secousses de la tempête n'apportoient aucun dommage à leur situation; au contraire, les citadins du pays de félicité, voyoient souvent les plaines unies de leurs belles campagnes, tout à coup bouleverſées au moindre mouvement de l'empire liquide. Eux-mêmes emportés par les courants, ne pouvoient ſurnager, & l'or qui couvroit leurs habits ne contribuoit pas peu à les engloutir. J'obſervai auſſi que dans le pays fortuné, on étoit bien moins habile, bien moins induſtrieux, bien moins humain, bien moins charitable, que dans le pays des malheureux.

Mon œil avide cherchoit quelqu'autre objet de comparaiſon, lorſque le ciel de l'iſle ſe couvrit de ſombres nuages; le tonnerre ſe fit entendre, des éclairs furieux déchirerent la nue, une grêle effroyable fondit ſur la terre.

Tous les cœurs furent conſternés; mais voici que la mer ſouleve ſes abymes; ſes vagues impétueuſes s'éleverent juſques au ciel, aſſiégerent la double iſle, & bientôt l'engloutirent avec tous les habitans. Je ne vis plus dans le miroir qu'une lugubre & pâle obſcurité qui couvroit un amas immenſe d'eaux, d'où perçoient quelques gémiſſemens confus. A l'inſtant même, une lumiere ſurnaturelle remplit le Temple, le nuage odoriférant qui fumoit ſur l'autel, ſe transforma en une colonne de flamme, & la voûte de l'édifice ſubitement enlevée, m'offrit le ſpectacle d'un trône lumineux qui deſcendoit lentement au bruit majeſtueux du tonnerre. Je tombai de frayeur devant la Divinité de ce lieu redoutable. Un bras divin daigna me relever, & je revis auprès de moi, l'Ange qui avoit daigné me ſervir de guide. Sa voix me rendit le courage ; je lûs ces mots écrits en traits de flamme ſur le marbre myſtérieux. *La mort rend les hommes égaux. C'eſt l'éternité qui aſſigne à l'homme ſon véritable partage : la juſtice eſt tardive, mais elle eſt immuable. L'homme juſte, l'homme bon ſe trouve à ſa place, & le méchant à la ſienne. Mortels ! la balance d'un Dieu éternel panche dans les abymes de l'éternité.* Alors, le miroir redevint parfaitement clair, & je vis une grande & belle femme, revêtue d'une majesté céleste, assise sur une demi-colonne. Elle tenoit d'une main une balance, & de l'autre une épée flamboyante. Des millions d'hommes de toute Nation & de tout âge, étoient rassemblés autour d'elle: elle pesoit les vertus & les vices, & pardonnoit aux défauts, enfans de la foiblesse. La patience & la résignation étoient récompensées, & les murmures indiscrets étoient punis. Je vis avec une joie inexprimable, que les pleurs des malheureux se séchoient sous sa main bienfaisante; ces infortunés bénissoient leurs maux passés, source de leur bonheur présent: plus ils avoient souffert, plus grande étoit leur récompense; ils entroient dans les demeures éternelles, où le Dieu de bonté se plaît à exercer sa clémence, le premier, le plus grand, le plus beau, le plus adorable de tous ses attributs. Tous ceux que l'Éternel avoit daigné animer de son souffle divin, étoient nés pour être heureux. Les taches qu'imprime à l'ame le vil limon du corps, disparoissoient devant l'éclat du vrai Soleil ; sa splendeur absorboit ces ombres passageres. Le Créateur de ce vaste univers étoit un pere tendre qui recueille ses enfans, après un long & triste pélérinage, & qui n'arme point sa main contre leurs fautes passées. Ceux qui avoient ouvert leurs cœurs à la justice, à la douce pitié, qui avoient secouru l'innocent, soulagé le pauvre, recevoient un double degré de gloire. Un cantique immortel de louanges, répété par la race entiere des hommes, annonçoit la réparation des choses.

Les tems de la douleur, de la crainte, du désespoir étoient à jamais écoulés ; les beaux jours de l'éternité s'ouvroient, la figure de ce monde étoit évanouie ; aucun gémissement ne devoit troubler la céleste harmonie de la félicité universelle. Ce Dieu bon, dont la main magnifique eſt empreinte ſur toute la Nature, qui a embelli juſqu'au lieu de notre exil, embraſſoit dans ſon ſein toutes ſes créatures ; le pere & les enfans ne faiſoient plus qu'une même famille. Alors une voix tonnante ſe fit entendre. *Va, foible mortel, eſprit audacieux & borné, va, apprends à adorer la Providence, lors même qu'elle te paroîtroit injuſte. Dieu a prononcé un ſeul & même décret; il eſt éternel, il eſt irrévocable, il a tout vu avant que de le porter. Etres finis! vos ſyſtémes, vos vœux, vos penſées, entroient dans ſon plan; ſoumettez-vous, eſpérez, & n'accuſez point ſon ouvrage.* Le temple parut alors s'écrouler ſur ma tête. Je m'éveillai, incertain ſi ce que j'avois vu étoit une apparition ou une réalité. Dois-je encore m'indigner de la proſpérité du méchant ? dois je murmurer du malheur de l'homme juſte, ou plutôt ne dois-je pas attendre que le grand rideau, étendu ſur l'univers, ſoit tiré à nos yeux par la main de la mort ; c'est elle qui doit nous faire vivre, en découvrant la vérité immuable, éternelle, qui ordonna le cours des événemens pour sa plus grande gloire, & pour la plus grande félicité de l'homme.

SONGE SECOND.
De l'Ame.

JE me trouvois au lever du soleil sur une haute montagne. Mes regards tournés vers l'orient, se promenoient sur la magnificence de la Nature variée & renaissante. Après avoir embrassé cet horison immense, revenant sur ce qui m'environnoit, j'apperçus sous un jeune cedre le même Génie que j'avois vu la nuit précédente. Pénétré de respect & de reconnoissance, je m'inclinai pour embrasser ses genoux. Il me releva avec une bonté majestueuse, & me dit d'une voix dont la douceur inspiroit la confiance & la joie:

Ami, je veux encore t'éclairer, puisque tu as un desir si vif de l'être. Je vais te dévoiler ce qu'il t'est permis de comprendre sur cet esprit caché qui vit en toi, qui t'anime, qui ordonne à la fois ta pensée & ton action. Avant que ce corps que tu traînes sous la volonté d'un Dieu, soit rentré dans la poussiere dont il est formé, je tâcherai de faire descendre les choses célestes à ta portée. Je voulus une seconde fois embrasser ses genoux; laisse, me dit-il, ces génuflexions pour les enfans grossiers des hommes: mon œil lit dans ton cœur: regarde du côté du couchant. J'obéis, & je vis une plaine agréable, surmontée d'une colline que couronnoient des citroniers, qu'embaumoient des groupes de roses. Je la crus d'abord inhabitée, mais bientôt j'apperçus une belle personne, au corps lumineux, à la taille majestueuse & plus qu'humaine, qui descendoit de la colline; elle étoit environnée de jeunes enfans, à la démarche légere, au sourire gracieux. Ils annoncoient la joie & la gaité; tels la Fable nous peint les Amours, les Ris & les Jeux accompagnant la Déesse de la Beauté.

Cette Nymphe majestueuse (me dit mon conducteur) se nomme *Ame*; elle tire son origine des cieux, elle en fut exilée; mais la cause de cet exil est au rang des choses qui sont cachées. Les uns disent que c'est parce qu'elle avoit trop bû de nectar dans l'Olympe, & les autres parce qu'elle avoit conçu d'elle-même un sentiment d'orgueil trop déraisonnable. Quoi qu'il en soit, jettée sur ce malheureux globe, elle est devenue à moitié terrestre. Tandis que le Génie parloit, l'Ame s'approchoit de plus près, & je pouvois la mieux considérer, elle & sa suite. Son visage sembloit encore étonné de son nouvel état; sa physionomie incertaine étoit mélangée de deux nuances presque opposées; elle paroissoit consulter en elle-même si elle devoit se fier aux objets qui l'environnoient, & sur-tout à ces enfans qui l'accompagnoient: ils s'appelloient les Desirs. Leur physionomie étoit simple & crédule ; elle annonçoit plutôt l'inexpérience que la dépravation; ils étoient tous d'une forme agréable & fort séduisante. Cependant je crus appercevoir quelque chose de volage dans leur vivacité brillante. L'Ame tournoit souvent ses regards vers le ciel, & à son sourire contemplateur, aux soupirs qui lui échappoient, on pouvoit aisément interpréter qu'elle n'avoit pas perdu la mémoire du séjour divin qu'elle avoit habité.

Non loin de cet endroit étoit une éminence couverte de fleurs, qui formoient un lit embaumé. Dessus reposoit une femme dont tous les traits du visage étoient fins & délicats ; cependant son front efféminé portoit une certaine empreinte de hardiesse. Ici bas on la nomme Félicité terrestre, mais les habitans de l'Olympe ne balancent point à l'appeller *Folie*. Elle étoit environnée d'une multitude innombrable de Silphes & Silphides de toutes sortes de formes & de couleurs, & tous légers comme l'air. Tels on voit des papillons différemment bigarrés, errer au milieu des parterres odoriférans, & d'une aîle inconstante se reposer tantôt sur les tiges touffues des fleurs, tantôt dans leurs calices entr'ouverts. Ils portent pour nom,
les

les volages Plaisirs ; ils sont enfans de la Folie ; elle les a élevés & nourris dans de secrets embrassemens. Cet essain de Plaisirs ressembloit à ces mouches colorées, qui, sur le soir d'un beau jour, volent & bourdonnent dans les derniers rayons du soleil. Ils formoient un certain bruit flatteur, qui réveilla l'Ame de sa demi-léthargie. Les Desirs coururent aux Plaisirs dès qu'ils les apperçurent ; c'étoit une sympathie secrette & forte qui les attiroit l'un vers l'autre. Ils s'embrasserent avec la plus vive ardeur, & chaque couple paroissoit comme un jeune berger qui s'unit à sa nymphe. L'Ame, indécise de sa Nature, ne savoit de quel côté elle tourneroit ses pas. Elle écoutoit avec une complaisance secrette les sons attirans de la Félicité ; elle vouloit s'avancer vers elle, mais je ne sais quoi l'éloignoit de la route, & lorsque je cherchois à comprendre ce mystere, j'apperçus un petit Ange aux aîles d'or, qui planoit sur sa tête. Il battoit des aîles de joie, lorsqu'il la voyoit s'écarter du chemin trompeur des Plaisirs; au contraire, il trembloit de frayeur, lorsqu'il la voyoit y remettre le pied, & sa douleur alloit jusqu'à verser des larmes.

Je priai mon divin conducteur de m'expliquer ce qu'il vouloit bien me dévoiler; il me dit: aussi souvent que tu vois l'Ame s'approcher avec impatience du côté où la Félicité l'invite par sa voix de syrene, aussi souvent un sombre sentiment s'empare d'elle; tu la vois qui s'éloigne tristement malgré les vifs Desirs. Tel est l'effet du souvenir de son état précédent que lui renouvelle avec sa tendresse toujours vigilante, cet Ange charitable. Autrefois elle vivoit sous les célestes lambris comme sœur & compagne des pures Intelligences. Elle étoit accoutumée à un jour, près duquel celui-ci n'est que ténèbres. Son oreille entendoit une harmonie dont on n'a point ici la moindre idée. Au jour de son bannissement, elle fut forcée de boire dans la fleuve d'Oubli; mais l'impression de son bonheur passé étoit si profonde, qu'il lui en est resté une mémoire confuse. Dès qu'elle fixe le ciel, son ordre sublime l'émeut, elle reconnoît son ancien domicile, & cette majesté imprimée sur le front des astres, l'éleve, la transporte & la fait soupirer. Mais lorsque les attraits de cette trompeuse Déesse, que les mortels nomment Félicité, la maîtrisent, au point qu'elle est prête à succomber, alors cet Ange du ciel, qui l'a toujours aimée, protecteur compatissant, lui insinue de ses aîles divines une force surnaturelle; elle abandonne les routes dangereuses, & ce bel Ange que le ciel a chargé du soin de la conduire, la remet avec des transports de joie dans le sentier étroit, qui peut seul la rendre à sa grandeur passée; mais tu vois qu'il est souvent trop foible pour l'écarter des puissantes amorces d'une volupté présente; tu vois comme elle s'approche de plus en plus de la colline dangereuse; tu vois comme la main des Desirs l'emmene mollement. Hélas! elle est en péril, elle va céder à leur pouvoir. L'Ange bat en vain des aîles; ses soupirs, ses pleurs, ses efforts sont impuissans. Les Plaisirs lui bandent les yeux de guirlandes de fleurs; ces guirlandes sont enchantées, tous l'entourent, tous lui font une douce violence, sourient d'une résistance inutile, & l'entraînent dans les bras de la Folie.

Tandis que je considérois cette scène, un grand changement survint tout à coup entre la troupe des Desirs & la troupe des Plaisirs. Ces enfans naguere si attrayans, si doux, qui s'embrassoient avec les plus vifs transports, se transformerent soudain en serpens, en couleuvres, en spectres horribles. Les plus jolis devinrent les plus hideux. Les Desirs se séparerent en frémissant des Amours. Je vis l'Ame elle-même s'arracher avec dégoût de ces embrassemens qui lui devenoient odieux; mais à peine eut-elle fait un pas en arriere, que tous ces petits enchanteurs reprirent à ses yeux leur forme premiere & séduisante. Foible, elle se laissa entraîner de nouveau, abusée qu'elle étoit par leurs graces nouvelles & decevantes. En même tems, la Félicité mensongere faisoit la prude ; elle sembloit vouloir fuir les Desirs, pour en être poursuivie avec plus d'ardeur. Lorsque les Desirs, quelquefois rebutés, retournoient en grondant sur leurs pas, alors cette magicienne ingénieuse couroit après eux. Hélas ! dans leur naïve crédulité ils revenoient toujours pour rejoindre l'indéfinissable Déesse ; elle fuyoit de nouveau pour les mieux attirer dans ses piéges. On ne voyoit qu'un tourbillon diversement bigarré, qui, dans un mouvement continuel & rapide formoit un bruit confus. Les plaintes des Desirs trompés, l'impatience fougueuse des Plaisirs, leurs regrets, leurs reproches, les cris de la Jalousie furieuse, tantôt plaintive, tantôt éclatante, enfantoient un murmure perpétuel. Et que faisoit l'Ame ?

l'Ame sommeilloit à côté de la Folie, sur un lit de roses ; sa main nonchalante laissoit échapper les rênes des Desirs : elle s'éveilla au bruit tumultueux de tant de voix discordantes ; & se voyant enchaînée, elle voulut rappeller tous les Desirs vagabonds, pour leur donner des fers & les emprisonner dans son sein. Vaines tentatives ! la Folie plus forte captivoit sa volonté foible, soumise à un instinct impérieux ; elle ne pouvoit se faire obéir. Alors, une femme pesante, d'une lourde figure, nommée l'Habitude, vint, & d'un bras invincible la lia de nouveaux nœuds sur le lit de la fausse Félicité ; & les Desirs en tournant autour d'elle avec une rapidité continuelle, la lasserent tellement, qu'elle tomba dans l'assoupissement, ou plutôt comme engourdie dans une léthargie profonde.

Au milieu de ce calme funeste, & du sein de ce sommeil de mort, l'Ame entendit quelques sons lointains, mais doux & perçans, qui par degrés la réveillerent & la maîtriserent d'une maniere si puissante, qu'elle fit les plus grands efforts pour se relever, & déchirer les guirlandes qui la retenoient. J'apperçus alors l'Ange aux aîles d'or, que je n'avois point vu depuis long-tems, errer à l'entour d'elle avec empressement, l'exciter du geste & de la voix, pleurant de joie, lorsqu'elle redoubloit de force & de courage. Elle lutta long-tems avant de se débarrasser de ses liens. Elle alla réveiller la foule des Desirs endormis, qui étoient couchés cà & là, sa voix les engagea à diriger leurs pas vers la symphonie héroïque & sublime, qui sembloit s'éloigner, & dont les derniers sons, encore ravissans, venoient expirer dans son oreille; mais je crois qu'elle n'auroit jamais pû s'arracher de l'autel de la Folie, malgré cette musique céleste, & malgré ce bel Ange aux aîles d'or, si elle n'eut trouvé à propos une belle femme, d'une figure noble, qui paroissoit d'abord sérieuse, & même un peu austere,

C 4

mais dont on découvroit les charmes en la considérant de plus près. Mon conducteur me dit qu'elle s'appelloit *la Réflexion*. Elle tenoit en main un verre myſtérieux ; elle le donna à l'Ame, en lui ordonnant de contempler la Folie & ſes filles. L'Ame regarde. Quelle ſurpriſe ! ces nymphes qui lui avoient ſemblé ſi charmantes, laiſſerent tomber le maſque qui couvroit leur difformité. Quel contraſte ! c'eſt la laideur hideuſe du crime & du remords. L'Ame examina à travers le même cryſtal la Félicité terreſtre ; ſon ſourire étoit faux & cruel ; ſes yeux qui ſembloient ſi doux, étinceloient des feux de la haine & de la vengeance ; des ſerpens entrelacés avec art formoient ſa chevelure ; on liſoit dans ſon regard qu'elle ne ſongeoit qu'à tromper les humains, qu'à creuſer ſous leurs pas les abymes du malheur & de la honte. L'Ame étoit obligée de clignoter des yeux pour ſoutenir ſon aſpect. La ſage Réflexion lui ordonna une ſeconde fois de regarder à côté d'elle dans le lointain, & elle découvrit sur un mont escarpé un beau Génie, dont l'éclat surpassoit tout ce que peut créer l'imagination. L'Ame après l'avoir considéré long-tems, crut se ressouvenir d'avoir vu quelque chose de semblable dans ce séjour où elle étoit heureuse. Elle vola comme si elle eut eu des aîles aux pieds, à l'endroit d'où partoit cette divine mélodie qui remplissoit les airs. L'Ame marchoit, accompagnée du bel Ange aux aîles d'or qui précédoit sa marche, & fourioit d'allégresse, en lui indiquant la route. Les Desirs voloient sur ses traces, ils voloient pleins d'impatience, & paroissoient deviner par un secret pressentiment, que le vuide qu'ils éprouvoient dans le cœur seroit bientôt rempli.

Ils arriverent au pied de la montagne, & s'y arrêterent ; elle leur parut d'un abord difficile ; mais voici que trois femmes, semblables à des Déesses, non par la richesse de leurs atours, mais par la simplicité majestueuse de leur démarche, & par la noblesse & la douceur de leurs traits, descendirent vers eux. C'étoit la Tempérance, la Modération & la Patience. Elles offrirent à l'Ame de la transporter entre leurs bras au sommet de la montagne : quant aux Desirs, irrités par l'obstacle, ils étoient trop actifs & trop empressés pour ne pas atteindre leur but sans secours & sans guide.

Alors, il me sembla par un mouvement aussi prompt qu'imperceptible, être porté moi-même sur le front de cette montagne, & je considérai de près la scène auguste & brillante qui s'offrit à mes regards.

Je vis une esplanade entourée d'un côté de hauts cedres, & de l'autre d'arbustes odoriférans. Le penchant étoit semé de plantes salutaires. On respiroit en ces lieux l'air pur de la vie & de l'immortalité. On s'y trouvoit plus de sérénité dans l'esprit, & quelque chose de céleste dans le cœur; mais la Divinité de ce séjour frappa ma vûe sous le corps qu'elle avoit bien voulu revêtir. Elle s'avançoit de dessous les cedres. Son visage étoit brillant comme le soleil orné de tous ses rayons ; c'étoit cette même divinité que l'Ame avoit apperçue de loin par le verre admirable de la Réflexion. Lorsqu'on a été assez heureux pour l'envisager, on ne peut rien desirer de plus beau ; mais il est impossible d'en tracer un portrait à l'œil qui ne l'a point vûe. Elle porte une bande d'or sur son front ; dessus est écrit son nom en caracteres sacrés ; il n'appartient qu'aux intelligences célestes de pouvoir le lire ; les profanes mortels doivent baisser en sa présence un œil respectueux. Ici bas nous l'appellons *Vertu*. A sa gauche étoit une Déesse semblable à une fille ravissante, mais d'une beauté si noble, si touchante, qu'en la voyant, on se sentoit ému d'un plaisir inaltérable. Mon divin conducteur me dit que c'étoit *l'Harmonie*, que la lyre d'or qu'elle portoit sur ses épaules d'albâtre étoit celle qui régloit le mouvement des mondes & des soleils, en même tems qu'elle marquoit parmi les Anges les hymnes éternels, consacrés aux louanges du Créateur. Quoiqu'elle ne touchât point alors sa lyre, il s'en écouloit un frémissement harmonieux qui me ravissoit en extase ; ainsi lorsque le soleil se couche derriere les montagnes, il répand encore dans les plaines des airs, des lances dorées, qui annoncent de quelle magnificence il couronnoit sa tête, lorsqu'il poursuivoit sa course au sommet brûlant des Cieux. Dès que l'Ame apperçut la Vertu qui venoit au-devant d'elle avec un air de tendresse & de bonté, elle s'empressa de se jetter à ses pieds, & d'embrasser ses genoux ; c'est alors qu'elle ressentit pour la premiere fois, depuis qu'elle avoit abandonné les célestes lambris, quelque chose de semblable à la félicité divine dont elle jouissoit dans l'assemblée des Anges. Elle crut même découvrir sur le visage de la Vertu, & jusques dans les draperies dont elle étoit revêtue, quelques traits de l'éternelle beauté, qu'elle avoit ci-devant adorée sans voiles.

La Vertu en la relevant l'embrassa tendrement, & la conduisit à côté de sa sœur l'Harmonie, sur un gazon uni où elles s'assirent. Je découvris sur le visage de l'Ame un contentement radieux ; il sembloit convenable à l'ordre de son excellente nature. Elle me parut dans son véritable état auprès de ces augustes Déesses. Je les jugeois faites & créées pour vivre ensemble, & ne devoir jamais se séparer. O que l'Ame étoit belle alors ! Tout ce qu'elle disoit me causoit une satisfaction intime ; je ne doutois plus de son origine céleste ; je ne sais quoi de divin me frappoit. Pendant ce tems, la foule des Desirs languissans, étonnés, étendus par terre, étoient comme des enfans sans force & sans lumiere ; leurs yeux ne pouvoient supporter la majesté rayonnante de la Vertu, leur oreille ne pouvoit entendre son langage mâle & sublime ; mais dès que l'Harmonie eut pris en main cette lyre qui commandoit à l'univers, & qu'ils virent toute la Nature obéir à cette musique douce & puissante, tout à coup métamorphosés, ils sortirent de cet état de foiblesse & d'indolence, ils éleverent les mains au ciel, les battirent en cadence, se joignirent ensemble, & formerent une danse majestueuse en environnant l'auguste Vertu. Leur danse imitoit le cours de ces astres, de ces soleils, de ces planettes, qui, dans divers orbites, tournent au gré des loix d'une constante harmonie; car le bel ordre du système physique n'est, sans doute, que la foible image de cet ordre moral qui régnera dans le monde éternel. Jamais les Desirs ne s'étoient trouvés si heureux, si satisfaits. Ils n'étoient plus légers, folâtres, inconstans, capricieux ; ils ressentoient cet équilibre paisible, fruit du vrai contentement ; leur cœur étoit rempli, & dans cette agitation modérée, douce jouissance qui ne produit ni la lassitude ni le dégoût. Mais ce qu'il y avoit de plus admirable pour mon œil enchanté, c'est que chaque Désir qui obéissoit à l'Harmonie en figurant autour de la Vertu, en recevoit aussi-tôt l'aimable & vive empreinte ; vous eussiez vu comme autant de miroirs, qui tous réfléchissoient fidelement un seul & même objet. On l'auroit prise pour une mere environnée de la troupe riante de ses enfans, qui portent chacun d'eux quelques traits de leur mere, quoique la ressemblance ne soit pas entierement parfaite.

Une voix ravissante frappa mon oreille ; c'étoit celle de l'Harmonie : cette voix donnoit un nouvel éclat aux cieux & à la terre. Le breuvage des immortels n'est pas si doux que ses paroles. Enfans du Créateur, voyez l'ordre qui régne au-dessus de vos têtes, fixez votre œil sur ce point de vûe élevé ; qu'il soit votre lumiere : ni les richesses, ni la gloire, ni la volupté, ne pourront contenter vos desirs, vous seriez tourmentés & misérables dans les bras de ces fantômes trompeurs ; il resteroit toujours dans vos cœurs un vuide affreux. Et par qui ce vuide peut-il être rempli, ô mortels? ce n'eſt que par la Vertu. Eh! dans toute l'étendue de la création, eſt-il rien d'auſſi beau, eſt-il rien de plus parfait? qu'il eſt doux de la poſſéder! Heureux qui ſe dit; je n'ai qu'un inſtant à vivre dans cette priſon mortelle, mais je perfectionnerai mon ame, j'annoblirai les facultés dont elle eſt ornée autant qu'il ſera en moi, je la rendrai digne des regards du Dieu qui l'a créée! toi, qui vivras ſous ſon aimable empire, mortel! tes heures ſeront douces, paiſibles; la modération, la ſimplicité préſideront aux vœux de ton cœur. C'eſt la modération qui crée le ſentiment, le ſentiment qui ſourit au ſage. Alors, ſi tu traverſes les plaines émaillées, ou les gras pâturages, le Plaiſir parfumera pour toi les airs ; c'eſt toi dont l'eſprit embraſſera dans ſes méditations, & les globes de feu que je fais rouler, & le ver que je loge & que je nourris dans un grain de pouſſiere. Songe, ſonge, sur-tout, que ce Dieu, dont je suis la fille, est le plus aimable de tous les êtres. O! que ne m'est-il donné de le pouvoir peindre! mais nous marchons à lui. Tout passe; toutes ces scènes changeantes tomberont dans les gouffres du néant; plâne d'avance dans les régions, où je tiens mon trône près du sien, vois tout fuir, & la Vertu seule qui survivra, pompeuse, inébranlable, amie immortelle de l'homme, guide fidele du bonheur, trésor & récompense des cœurs qui la réverent & qui l'adorent.

SONGE TROISIEME.

De la Cupidité & de la Vertu.

J'ÉTOIS dans un bois obscur, ne sachant de quel côté je devois tourner mes pas. Les rayons de la lune rompus par la voûte d'un épais feuillage, jettoient une pâle clarté qui rendoit les ténebres de la nuit encore plus effrayantes. J'avois la foiblesse d'un enfant qu'on a abandonné dans un désert. Tout me faisoit peur ; chaque ombre me paroissoit un fantôme ; le moindre bruit me faisoit dresser les cheveux, & je trébuchois à chaque racine d'arbre. Des êtres aëriens que je ne pouvois ni voir, ni palper, se rendoient mes guides sans mon consentement. Ils me faisoient mille contes ridicules auxquels j'ajoutois foi ; ils m'engageoient parmi des ronces & des épines ; puis insultant à mon ignorance, ils rioient de leur malice & de ma crédulité. Non contens, ils me faisoient passer devant les yeux des bluettes perfides pour m'étourdir ou pour me desespérer. Je voulois toujours avancer vers une lumiere foible, mais pure, que je distinguois au bout d'une immense allée. Je hâtois mes pas, mais au bout de cette longue avenue, où je croyois tenir la sortie du bois, je ne trouvois qu'un petit espace vuide, qui m'offroit une barriere impénétrable de bois encore plus ténébreux. Que de pleurs je versai dans cette nuit longue ! L'espérance & le courage ranimerent cependant mon cœur, & la patience, & sur-tout le tems, firent luire enfin sur ma tête l'aurore du jour de ma délivrance. Je sortis de cette forêt sombre, où tout m'avoit effrayé, mais pour rentrer dans un autre séjour où tout m'étonna.

J'apperçus de vastes plaines enrichies des dons de la féconde Nature ; jamais un aspect aussi ravissant n'avoit frappé mes regards. J'étois las, j'avois faim, les arbres étoient chargés des plus beaux fruits ; & la vigne s'élevant à la faveur de leurs branches, y attachoit ses grappes dorées qui pendoient en festons. Je courus transporté de joie pour étancher ma soif, en remerciant dans le fond de mon cœur, le Dieu créateur de tous ces biens, lorsqu'un homme singulierement vêtu opposa un bras de fer à mon passage. Innocent, me dit-il, je vois bien que tu sors de l'enfance, & que tu ignores les usages de ce monde ; lis sur ce portique de pierre, ses loix y sont gravées, il faut t'y soumettre, ou mourir. Triste & cruelle destinée des hommes ! je lûs avec un étonnement chagrin que tout ce vaste & beau pays étoit ou loué ou vendu, qu'il ne m'étoit pas permis d'y boire, d'y manger, d'y marcher, même d'y reposer ma tête, sans la permission expresse du maître. Il étoit possesseur exclusif de tous ces fruits que mon estomac à jeun convoitoit vainement ; & dans toute l'étendue de ce globe, je n'avois pas un point pour asyle, une pomme en propriété ; tout étoit envahi avant mon arrivée. J'allois mourir de faim, faute de certaines petites boules de vif argent, fort subtiles à se perdre, que me demandoit cet homme dur pour troquer contre les fruits nourriciers que produisoit la terre : je disois en moi-même ; cet homme n'a pas plus de droits que moi sur ce terrein; voilà un tyran, assurément, mais je suis le plus foible, il faut se soumettre. Je vis que pour avoir quelques-unes de ces petites boules si fugitives, il falloit se mettre une grosse chaîne de fer autour du corps, au bout de laquelle pendoit encore un boulet de plomb, plus pesant au centuple que toutes les petites boules qu'on pouvoit jamais recevoir. En effet, je remarquai que l'homme qui m'avoit arrêté étoit suivant l'ordre ; il vit l'embarras où j'étois, & me dit d'un ton charitablement impérieux : si tu veux manger, tiens, moi, je suis bon ; approche, mets-toi au col un anneau de cette groſſe chaîne en attendant que tu y prennes goût. Je mourois de faim, & je ne balançai point. En me préſentant dequoi manger, il accompagna ce don d'une rude chiquenaude ſur le bout du nez; je murmurai beaucoup, & je mangeai de même. Je grondois encore entre mes dents, lorſque je fus fort ſurpris de voir un autre homme encore plus chargé de chaînes que le premier, appliquer à celui-ci un large ſoufflet, qu'il reçut humblement en baiſant la main qui l'avoit frappé ; il eſt vrai qu'en même tems il recevoit beaucoup de ces petites boules de vif argent, qu'il ſembloit idolâtrer. Oubliant alors mon reſſentiment, je ne pus m'empêcher de dire à celui auquel j'étois attaché, comment, vous ſouffrez un pareil affront ? pourquoi cet homme a-t-il l'inſolence de vous outrager ? Il me regarda en ricanant, & me dit : tu as l'air bien neuf, mon ami; apprends que telle eſt la mode du pays : tout homme en place qui donne, satisfait toujours, & au même instant, son orgueil ou sa dureté aux dépens de celui qui reçoit; mais c'est comme on dit, un prêté rendu. Quoique j'enrage du soufflet que je viens de recevoir, je ne fais semblant de rien, par la raison que celui qui me l'a donné en a reçu bien d'autres, & que j'espere moi-même en distribuer un jour tout à mon loisir. Mais, malheureux que je suis, à peine ai-je pû jusqu'ici donner par-ci, par-là, quelques misérables chiquenaudes. Quoi ! ce langage te rend stupéfait ? Pauvre jeune homme ! il n'est pas tems encore de t'étonner ; oh! tu en verras bien d'autres. Allons, suis-moi ; je le suivis. Vois-tu, (me dit-il) dans le lointain, ces montagnes escarpées; l'un de leurs sommets est élevé presque dans la nue ; eh bien ! là réside l'objet éternel des desirs de tous les hommes; là, jaillit d'entre les rochers une fontaine abondante de cet argent subtil, dont je n'ai, hélas! que quelques gouttes; viens avec moi, franchissons les obstacles, combattons; fupporte la moitié des chaînes dont je vais me charger; plus elles feront pefantes & plutôt nous parviendrons. Oh! fi je peux jamais puifer à fouhait à cette heureufe fontaine, je te jure que je t'en ferai part. La curiofité, paffion qui ne m'abandonnoit point, encore plus que la néceffité fatale où j'étois, m'entraîna fur fes pas. Dieu! quel chemin de fer! quelle cohue! que d'affronts & de peines! Je cachois la rougeur de mon vifage fous le poids de mes chaînes; mon conducteur affectoit une mine riante; mais je le furprenois quelquefois fe mordant les lévres jufqu'au fang, & fe défefpérant à voix baffe, tandis qu'il me crioit tout haut, courage, ami, cela va bien. L'avidité lui donnoit des forces furnaturelles; & comme ma chaîne étoit liée à la fienne, il me traînoit après lui. Nous arrivâmes au pied de la montagne; c'étoit bien un autre tumulte. Les vallons étoient couverts d'une multitude d'hommes, qui s'agitoient avec

leurs

leurs fers, & qui s'arrachoient avec toute la politesse possible, quelques gouttes de ce vif argent qui s'écouloit de la fontaine. Il ne me paroissoit gueres possible de traverser cette foule impénétrable, lorsque mon conducteur avec une audace téméraire, se mit à violer le droit des gens. Il frappa à droite & à gauche avec toute la violence de la cupidité ; il foula inhumainement aux pieds ceux qu'il avoit renversés. Je sentis, en frémissant, que je marchois sur les entrailles palpitantes de ces malheureux. Je voulois reculer, mais il n'étoit plus tems; j'étois entraîné malgré moi. Nous étions couverts de sang ; l'horreur de leurs cris plaintifs & de leurs malédictions me glaçoient d'effroi. Nous parvinmes de cette horrible maniere sur une petite colline ; il me regarda d'un œil de complaisance. Nous prospérons, me dit-il ; le premier pas est fait, le reste ne doit pas nous effrayer. Vois-tu, comme nous les avons fait rouler les uns sur les autres. Ici, c'est autre chose; nous sommes à la Cour, dans un pays rempli de défilés : il ne faut plus aller si fort ; il faut avec une finesse adroite, étudiée, savoir donner le coup de coude à propos ; toujours sans quartier ; on n'en abyme pas moins son homme ; mais ce qu'il faut éviter avec le plus de soin, c'est le scandale.

J'avois le cœur trop serré pour lui répondre un seul mot ; un tel homme ne me sembloit pas fait pour écouter la vertu ou l'humanité. J'étois chagrin de me voir attaché à lui ; je redoutois à chaque moment qu'il ne voulut me prouver qu'il avoit raison d'en agir ainsi ; en tout cas, il avoit beaucoup d'exemples qui lui sembloient favorables. Quel spectacle horrible & dégoûtant ! que de scènes diversement affreuses ! Toutes les passions venoient marchander tous les crimes. On n'avoit des vertus que pour les vendre, & sans ce trafic, elles passoient pour ridicules. Un monſtre avoit pris le maſque de la Juſtice, & rempliſſoit ſa balance ſacrée de poids mercenaires. Des hommes encore couverts de la boue d'où ils ſortoient, étoient honorés, & inſultoient à la miſere publique.

D'autres ſe frottoient le corps avec ces boules de vif argent, & marchoient la tête levée, l'orgueil dans les yeux, la débauche dans le cœur. Ils s'eſtimoient ſupérieurs aux autres hommes, & mépriſoient quiconque n'étoit pas blanchi comme eux. S'ils ne donnoient pas toujours des ſoufflets à ceux qu'ils rencontroient, leur geſte étoit une offenſe, leur ſourire un outrage; mais ſouvent ce vif argent s'uſoit, & ces mêmes hommes ſi fiers, ſi durs, redevenoient bas, ſoumis, rampans. On leur rendoit alors avec uſure le dédain dont ils avoient fait parade; la rage les tranſportoit ſecretement, & les iniquités ne leur coûtoient rien pour remonter à leur premier état. Il faut avouer auſſi que ce vif argent ſi funeſte leur avoit monté à la tête, de forte qu'ils en avoient perdu la raifon. J'en vis un qui étoit defcendu du fommet, opprimé fous le poids qui l'étouffoit. Immobile, & comme en extafe, il contemploit fon corps argenté, & ne vouloit ni boire, ni manger. Je voulus l'aider à fe relever; il crut que je venois pour le voler, il m'oppofa un poing fermé pour défendre fon vif argent, & en même tems il me tendit une main fuppliante d'un air piteux, me priant de l'affifter d'une petite boule, & qu'il mourroit content.

Un peu plus haut, quarante hommes forts & nerveux emportoient dans des tonneaux une quantité prodigieufe de ce métal. Il n'avoit pas été puifé à la fource; il avoit été arraché des mains foibles des femmes, des enfans, des vieillards, des cultivateurs, des pauvres; il étoit teint de leur fang, & arrofé de leurs larmes. Ces exacteurs avoient à leur folde une armée qui exerçoit le brigandage en détail, &

pilloit les foyers de l'indigence. Le peuple écrasé entre ces deux leviers terribles ne savoit sur quel tyran il devoit faire tomber ses malédictions; tous les trésors de la terre passoient dans ces mains avides. Je remarquai que ceux qui possédoient abondamment de cette matiere, n'en étoient jamais rassasiés; plus ils en avoient, plus ils étoient durs & intraitables.

Cependant, mon conducteur ne voyoit dans ces objets que des motifs d'émulation. Allons, allons, me dit-il, tu rêves, je crois, avec ton œil fixe & observateur; avançons. Vois-tu à travers ces rochers, quel objet ravissant ! vois-tu couler à grands flots cette source éblouissante; elle se précipite en cascades. Ah! courons; je crains qu'on ne la tarisse. Que de monde se la dispute ! mais en même tems prenons garde à nous, nous n'y sommes pas encore; les derniers pas sont les plus dangereux. Combien, faute de prudence, sont tombés du faîte dans l'abyme !

En y renversant les autres, garantissons-nous d'une chûte horrible ; il faut profiter habilement des malheurs d'autrui. Viens, j'ai découvert un chemin qui nous conduira plus sûrement au terme desiré. En me parlant ainsi, il me conduisit par un petit sentier que peu de personnes osoient suivre ; c'étoit une espece d'escalier tortueux, étroit, percé dans le roc, & couvert en voûte. Nous avançâmes quelque tems, mais bientôt le chemin se trouve barré par trois figures du plus beau marbre blanc. Il n'y avoit que leur blancheur éclatante qui pouvoit détourner l'esprit de l'idée de chair, tant elle étoit exprimée avec vérité, avec noblesse, & avec grace. Ces trois figures se tenoient les bras entrelacés, & unies entre elles comme pour fermer le passage aux mortels imprudens. Elles représentoient la Religion, l'Humanité, la Probité. Au bas étoit écrit. *Ces figures sont le chef-d'œuvre de l'Esprit humain ; les* originaux en sont dans les Cieux. O mortels ! respectez ces images ; qu'elles soient sacrées pour vous, puisqu'elles sont faites pour vous arrêter dans le chemin perfide qui conduit aux abymes. Malheur à qui ne sera pas touché, & maudit soit à jamais le sacrilége qui osera les endommager. Je sentis à cette vûe une émotion respectueuse mêlée d'amour ; je regardai mon conducteur, il me parut un instant aussi troublé qu'indécis ; mais ayant entendu des cris sur une nouvelle éruption de la fontaine, son visage se colora d'un rouge noir, il saisit une pierre qu'il détacha du roc ; en vain je cherchois à l'arrêter ; il brisa ce monument sacré avec une fureur impie, & passa outre sur ses débris. Mes efforts redoublés & contraires aux siens, briserent enfin la chaîne odieuse qui m'attachoit à ce monstre. Va, lui dis-je, dans mon indignation, homme insatiable, effréné, va, cours satisfaire ton goût pour le crime ; la foudre de la justice divine est prête..... Il ne m'entendoit déjà plus ; je le suivis des yeux : le malheureux, égaré par son forfait, en voulant puiser trop avidement dans cette fontaine funeste, s'y précipita en aveugle. Emporté par le torrent dont il avoit fait son dieu, il fut brisé sur les pointes des rochers, & son sang en rougit pour quelques momens l'éclatante blancheur.

Et moi, j'étois demeuré saisi, tremblant, contemplant ces débris adorables, épars autour de moi, craignant de les fouler, n'osant faire un pas. Des larmes d'affliction ruisseloient de mes yeux ; je regardois le ciel, les mains jointes, & le cœur navré de douleur, lorsqu'un pouvoir divin les ressembla tout à coup, aussi belles, aussi majestueuses, aussi touchantes qu'auparavant. Je me prosternai, j'adorai le Dieu qui n'a pas permis que la main du méchant, ou que celle du tyran, puisse jamais détruire ces effigies sacrées : immortelles, inébranlables, elles seront dans tous les tems le refuge des infortunés, & la consolation du genre humain.

Je retournai promptement sur mes pas; je rencontrai une multitude active qui escaladoit ce roc par divers chemins; j'étois le seul qui descendoit volontairement; c'étoit à qui porteroit la chaîne de celui qui s'élevoit un instant au-dessus des autres sur la moindre éminence; mais si le pied lui glissoit, on faisoit de grands éclats de rire, & souvent on achevoit de rendre sa chûte plus affreuse. D'autres se lamentoient comme des enfans; ils avoient acquis beaucoup de vif argent, mais ils s'étoit évaporé si subtilement, qu'ils n'en retrouvoient pas le moindre vestige. Tous ces tableaux, & d'autres encore plus pitoyables, me faisoient mépriser & la fontaine & les malheureux qui l'assiégeoient. J'étois irrésolu sur le chemin que je devois tenir, lorsque je fis rencontre d'un homme dont la physionomie étoit noble, & avoit encore plus de douceur que de noblesse. Il descendoit d'un air libre, aisé, & portoit sa chaîne avec dignité; elle lui paroissoit imposée, non des mains de la servitude, mais par celles du devoir. Il possédoit une fort mince portion de petites boules, & il les répandoit libéralement dans le sein des pauvres; il tenoit un livre antique, & sourioit de joie à chaque page; il exhortoit chacun à se contenter de ce qu'il avoit, & à ne point se hazarder follement sur les hauteurs. Pour se venger de ses avis, on l'appelloit *Philosophe*, & on comptoit l'insulter beaucoup. Je le vis qui refusoit les chaînes les plus dorées qu'on lui présentoit, malgré toutes les espérances pompeuses qui les accompagnoient. Je me sentis entraîné vers ce sage, par un mouvement sympathique. O! daignez me conduire, lui dis-je, vous qui semblez marcher sur ces rocs escarpés avec tant de sûreté! je ne sais ni où je suis, ni où je dois aller; servez-moi de guide, tirez-moi de ce labyrinthe affreux, où je me suis vu engagé par la main terrible de la fatalité! Ce sage s'arrêta; & après m'avoir fixé quelques momens, jeune homme, me dit-il, vous m'avez trop intéressé dès le premier abord, pour que je ne vous secoure point. Ce n'est point à votre âge qu'on se trouve ordinairement dans ce séjour affreux. Quel homme sacrilége a corrompu votre jeunesse? vous méritez d'être tiré de cet enfer; mais avant, il faut que vous observiez avec moi la scène qui se découvre sous nos yeux. Arrêtons-nous, nous en verrons assez pour discourir utilement.

Voyez avec quelle magnificence prodigue la main de la Nature a semé ses richesses sur la surface de la terre; mais cette terre n'a répondu qu'aux travaux opiniâtres de l'homme; ils sont imprimés sur ces campagnes que son bras infatigable a rendu fertiles. Les ronces & les chardons hérisseroient ces champs, mais il leur a ordonné de produire les moissons. Le laborieux cultivateur a, sans doute, des droits sur le terrein qu'il a dompté; il faut qu'il soit récompensé d'avoir supporté la chaleur du jour & l'intempérie des saisons; aussi la justice distributive régne, rien n'est bouleversé, chaque héritage est partagé; ils fleurissent à l'envi l'un de l'autre, & tout est arrangé par un contrat social, aussi étonnant, peut-être, que la Nature même. Eh bien! cette harmonie paisible qui régne dans ces champs, est fondée sur le désordre de cette montagne. Le point où se forme la foudre dans les airs est embrasé, mais lorsqu'elle éclate, elle porte au loin les pluies fécondes & rafraîchissantes; de même ce principe actif du monde moral, excite des tempêtes à sa source; mais il répand la vie & l'activité dans tous les ordres de l'État. Cette matiere brillante qui pétille & saute au hazard, va, vient, s'éclipse, se divise d'une partie en mille autres de valeur proportionnée, se rejoint, se redivise, est le gage de tous les biens, de tous les travaux, & donne une ame active à ce grand corps dont tous les mouvemens seroient lents & incertains sans ce ferment utile. C'est une merveille admirable que ce signe toujours présent, toujours fécond dans ses rapports ; & le malheur qui en résulte, n'est que dans l'abus prodigieux que les hommes en ont fait. La raison & l'humanité pourront le corriger, si l'homme écoute leur voix touchante. Les fruits de ces arbres sont faits pour éteindre le sentiment impérieux de la faim ; qu'un homme en use sobrement, il jouit de ses droits, & la santé viendra récompenser sa tempérance ; mais qu'un glouton dévore la part de trois de ses voisins, il se donnera une indigestion cruelle, & se fera périr en faisant jeûner les autres. Si donc l'homme au lieu d'être insatiable, au lieu de se consumer misérablement auprès de cette fontaine, savoit se borner, il auroit dequoi être heureux, & il pourroit encore faire partager son bonheur à cent autres de ses semblables. C'est la cupidité qui vient briser cet équilibre fortuné, qui balanceroit mollement les citoyens; au-lieu que rompu, il les arme en fureur les uns contre les autres. Oui, l'homme riche & ambitieux est un loup dévorant, indigne du nom d'homme, puisqu'il en devient le fléau. Il sera malheureux, il sera en horreur; toujours avide & mécontent, il endurcira son cœur aux cris du besoin qu'il pourroit appaiser; il mettra tout son art à dénaturer son ame, & il y réussira. C'est lui, & ceux qui lui ressemblent, qui causent toutes les calamités de la terre; ils sont les vrais auteurs du blasphême, & un riche inhumain ne peut posséder sans frémir, à l'aspect de celui qui n'a rien.

Ami, contemple tous les chemins qui conduisent à cette hauteur! qu'il est peu de sentiers droits ! ceux-ci sont salis par l'orgueil & l'abus du pouvoir ; ceux-là, par la bassesse & l'esclavage. On en voit qui passent à travers les crimes les plus honteux, & ils ne rougissent point. Mais, dis-je au sage qui me parloit, s'il est des cœurs coupables dans cette foule, tous ne le sont pas ; nous arrivons à notre insû dans la société, & nous recevons d'abord les fers qu'elle a préparés d'avance à chacun de ses membres ; comment se débarrasser de cette chaîne immense qui nous lie fortement les uns aux autres, & qui nous force de marcher malgré nous vers le but commun ? comment se passer de ce métal indispensable, puisque sans lui on ne peut satisfaire aucun des besoins nombreux de la vie ? & puisqu'il est si prompt à s'évanouir, n'est on pas prudent d'en amasser une certaine quantité ? – C'est parce qu'il s'écoule facilement, qu'il est sage de s'y peu attacher : je ne dis point qu'il faille mépriser ce signe conventionnel, mais il est plutôt fait de mettre un frein à nos desirs, que de les contenter à cet égard. Voyez cet insensé qui, après avoir consumé les plus belles années de sa vie à se faire une charge de ce faux bien, tombe sous le fardeau; nul ne daigne le relever : ses trésors se dispersent à sa vûe, sa chûte ne lui laisse que le remords de les avoir mal acquis, & le regret plus affreux de ne les pouvoir retenir. Quel contraste présente là-bas ce bon homme qui va fouillant la terre ! Après avoir bien cherché pendant tout le jour, il trouve vers le soir une des petites boules, jettées au hazard par le cours de la fontaine; il revient tout content la rapporter à sa femme & à ses enfans; il les laisse quelque tems admirer son éclat, & il va la présenter, pour qu'on veuille bien lui accorder quelqu'épics des gerbes qu'il a fait croître. Cependant le pain qu'il mange est plus délicieux que celui qu'on sert à la table des grands; car il le partage avec les rejettons que la Nature lui a donnés, que son cœur chérit, & dont il est aimé, tandis que ceux-là ne nourrissent que des parasites qu'ils méprisent, & dont ils sont détestés.

Il est quelquefois beau d'avoir beaucoup de cette matiere, mais c'est lorsqu'on en soulage les malheureux, lorsqu'on en arrose quelque terre desséchée pour lui rendre l'éclat & la fertilité ; alors, l'usage qu'on en fait, prouve qu'on a monté par des chemins droits ; mais ces chemins sont rares. Je les ai cherchés ; j'ai réussi. Je veillois continuellement sur moi-même, pour ne pas m'engager dans quelques sentiers tortueux, car ils sont les plus faciles & les plus larges : j'ai eu souvent le bonheur de tendre la main à quelques imprudens prêts à s'égarer ; étant relevés, il me bouchoient le passage par reconnoissance ; mais j'avois fait le bien, je n'en avois point de regrets. Je me suis fait une raison de descendre avec le même contentement que j'étois monté. Non, ce n'est point là où je mets mes plaisirs. O ! jeune homme, si tu te sentois une ame assez grande pour me suivre, je te ferois voir un autre séjour, où l'on goûte un bonheur aussi pur qu'immuable. Les habitans de cette contrée le tiennent pour un pays chimérique ; tous ces hommes opulens, lourds & méchans voudroient le faire regarder comme tel, ne pouvant le conquérir par le moyen de leurs viles richesses ; mais il ne s'agit ici ni de violence, ni de métal entassé dans des coffres ; il faut, pour y entrer, une ame grande, &, sur-tout, une tête où le vif argent ne soit jamais monté.

O mon pere, lui dis-je, en lui serrant les mains, ayez pitié de moi, de ma jeunesse livrée à l'inexpérience, & pleine de sensibilité : aggrandissez mon ame, purifiez-là des viles taches que j'ai pû contracter dans cet air empoisonné ; soyez mon guide ; je sens, oui, je sens où vous voulez me conduire ; mon cœur s'enflamme de joie.... Ah!...achevez, mon pere, achevez; je l'aime cette vertu fainte ; mon ame eft née pour elle. Que la Nature feroit ingrate, fi le cœur qui l'honore le plus n'étoit pas fait pour être heureux! J'aime cet enthoufiafme, me répondit-il ; viens, tu es digne de me fuivre ; il me prit par la main, me fit defcendre quelques pas. Tout le monde nous rioit au nez, & demandoit, en hauffant les épaules, où nous voulions aller ; laiffez-les paffer, difoit le plus grand nombre ; tant mieux, ne voyez-vous pas qu'ils font place à d'autres.

Ne t'embarraffe point de leurs vaines clameurs, dit le fage ; fuis ton projet avec fermeté, laiffe-les ramaffer ces boules frivoles ; un plus riche tréfor nous attend ; mais je ne te le déguife point, nous avons plufieurs obftacles à furmonter. En effet, il nous fallut paffer par des fentiers rudes, appellés fentiers de la patience, sentiers de la tempérance; mais je prenois tant de courage sur mon noble modele, que je marchois gaiement, & sans éprouver de lassitude.

A certain détour j'eus une peur horrible; une femme décharnée, qui rongeoit les rochers sur lesquels nous marchions, jettoit de longs serpens après nous. L'insensée ! elle vouloit avec ses dents & ses ongles creuser des précipices sous nos pas; l'écume couvroit ses lévres, & une rage sombre enflammoit son regard. Je reculai ; mais mon courageux guide me regarda en souriant. Eh quoi ! me dit-il, les masques vous font peur ! Allons, ferme, tant pis pour elle si elle est si laide & si méchante ! Voyez comme un regard tranquille & fier fait mourir tous les serpens ; ils ne dévorent que ceux qui s'en effrayent ; prenons garde seulement de poser le pied sur ses piéges, mais ils s'apperçoivent de loin, & ils sont grossierement tendûs ; nous avons des momens plus dangereux à surmonter. O jeune homme ! c'est ici qu'il faut combattre ; voici l'heure du courage.

J'apperçus un lac étendu qu'il falloit absolument traverser ; ses eaux pures présentoient un miroir où se répétoit le paysage charmant qui décoroit ses bords. Le souffle aimable des zéphyrs ridoit mollement sa surface polie, & un air frais & voluptueux portoit jusqu'au cœur le frémissement du plaisir ; tout annonçoit sa présence. Si tu étois un esprit céleste, me dit mon guide, je te dirois ; étends tes aîles, éleve-toi dans les airs, plane au-dessus de ce passage aussi dangereux qu'il est séduisant ; mais tu es homme ; en place d'aîles tu n'as que des bras & des jambes tardives ; allons, mon fils, il faut te soumettre aux loix de la Nature ; il faut nager ici, & de toutes tes forces ; la condition est dure, mais elle est inévitable. Excité par ces paroles, je me lançai dans le fleuve, & je me mis en devoir de le traverser. Dieux ! quels momens ! une langueur subtile se répandit dans mes veines ; j'étois dans un océan de voluptés ; des Nayades sortoient du fond des eaux pour m'arrêter ; l'amour souuoit dans leurs yeux, tantôt vifs, tantôt languissans ; leur sein éblouissant, les coutours de leurs charmes adorables, se montroient à travers le crystal mouvant des eaux qui multiplioit leurs attraits. Elles étendoient leurs bras d'albâtre, & me cherchoient pour objet de leurs caresses. J'avois besoin de tout mon courage pour ne pas couler à fond. D'une main je tenois mon conducteur ferme par son manteau ; mais l'autre étoit abandonnée malgré moi à une main engageante & douce qui m'invitoit à la suivre. J'étois prêt à succomber ; ma résistance étoit involontaire, & dans le trouble de mon ivresse, je fus obligé de me reposer un instant sur le sein d'une de ces jeunes Nayades ; j'y goûtai des dou-

ceurs qui m'ôterent la force de pour-
fuivre ma route. J'allois me livrer
tout entier à cette puiffance enchan-
tereffe qui triomphe de toutes les
facultés de l'ame, lorfque mon conducteur me dit à l'oreille : jeune
homme, avant de fe repofer, il faut
jetter un coup d'œil fur le trajet qui
refte à faire ; vois combien il eft
court ; un trop long repos engourdit
les membres ; regarde les infortunés
qui n'ont point ufé de tout leur courage. Alors, il me montra du doigt
plufieurs cadavres noyés & flottans.
J'entendis ce langage ; j'embraffai rapidement ma jeune Nayade ; je lui
promis une tendre reconnoiffance ;
je fermai les yeux, & je continuai
mon chemin à la nage : ce n'étoit
point fans combats que je m'étois arraché à cette beauté féduifante ; je
regrettois ce plaifir vif, qui ne
m'ayant enivré qu'un inftant, avoit
laiffé dans tous mes fens un goût dé-
cevant pour fes attraits. L'efpoir de
repaffer fur ce lac pour y étancher

la soif de mes desirs, étoit l'idée qui me consoloit. En me donnant la main pour aborder, mon guide me dit : ah! mon fils, tu as échappé de bien peu aux filets de la mort : ces eaux redoutables brûlent jusqu'à la substance spirituelle; encore un instant, & tu étois consumé.... Ah! lui répondis-je, pourquoi la volupté a-t-elle des amorces si douces. Les foibles mortels succomberoient encore à de moins doux plaisirs. Il est une volupté plus sublime pour l'homme raisonnable, répondit le sage, c'est de les soumettre à sa volonté; mais avant d'avancer plus loin, mon fils, il faut achever ici de dompter tous ces desirs. Tu vas voir des hommes dont la vûe t'anéantiroit, si tu te présentois devant eux dans l'état où tu te trouves : c'est déjà beaucoup d'être parvenu jusqu'ici ; car combien sont demeurés dans les ténebres de la forêt ? combien ont péri près de cette source méprisable? Que de grands hommes, voulant
follement

follement fe venger de cette horrible femme décharnée, fe font laiffé dévorer par fes ferpens? & le plus grand nombre, comme tu l'as vu, a péri dans ce lac enchanteur, entre les bras de ces trompeufes Nayades. Il eft impoffible que tu fois abfolument fans taches, après avoir paffé par de fi rudes épreuves. Prends cette tablette polie, & lis les mots écrits à l'entour. Je lus: *Art de fe connoître foi-même*. En effet, je me vis dedans tout tranfparent, j'apperçus mon cœur, il étoit tacheté de petites paffions vaines & ridicules; j'ôtai cette pouffiere miférable qui le défiguroit, mais elle étoit fort tenace. J'arrachai jufqu'au portrait de ma Nayade, mais non fans foupirer; car il étoit fi joliment peint! Tout cela étant fait, je me trouvai léger comme l'oifeau qui fend l'air; je tendois naturellement vers la voûte du ciel; quel raviffement pour mon cœur! je découvris bientôt ces trois mêmes figures de marbre blanc qui s'étoient oppofées à mon paffage; elles étoient élevées avec une rare magnificence à l'entrée d'une allée profonde, que couronnoient de fuperbes lauriers ; mon œil fe plongeoit dans cette route qui s'étendoit à perte de vûe : fa nobleffe, fa majeftueufe fimplicité, imprimoient dans mon ame une fenfation délicieufe qui me faifoit chérir ma propre exiftence. Arrêtons-nous ici, me dit mon conducteur ; renouvellons nos fermens au pied de ces effigies facrées. O Religion augufte ! ô Humanité touchante ! ô Probité fainte ! vous qui nous découvrez un Dieu, la Nature, & nos devoirs, rempliffez de vos rayons purs des cœurs, qui, fans vous, n'appartiendroient qu'à la vile matiere; qu'ils vivent, qu'ils s'enflamment de vos feux céleftes, que marqués de votre empreinte divine, ils puiffent mériter les regards de l'Etre éternel; c'eft par vous feules qu'une foible créature peut s'élever jufqu'à fon trône. Vous êtes fes filles chéries; adoptez les cœurs qui l'adorent en vous honorant.

Nous entrâmes dans cette majestueuse allée; un soleil doux & resplendissant l'éclairoit; des caracteres d'un feu pur & étincelant traçoient dans les airs cette légende : *Séjour de la Vertu*. Plusieurs autels étoient dressés entre ces lauriers odoriférans. Chacun d'eux étoit érigé à l'honneur de quelque vertu. Là, les bons Rois & les fideles Ministres entouroient les autels de la force & de l'équité. Là, Louis douze & le vainqueur de la Ligue & des Espagnols embrassoient d'Amboise, Sully, Turenne & Colbert. Leur récompense étoit dans leurs cœurs, dans la pleine connoissance d'avoir fait le bien; cette pensée qui annoblissoit leur être, faisoit leur bonheur. Plus loin, les Magistrats, les Hommes de lettres, les Peintres dont le pinceau a été consacré à l'héroïsme, tous ceux enfin dont le génie s'est tourné tant à la gloire qu'à l'utilité du genre humain, jouiſſoient de l'eſtime des hommes & du doux ſentiment de vivre honorablement dans leur mémoire. Environnés de l'air céleſte qu'ils reſpirent, ils ne connoiſſent que l'amitié, ce nœud ſacré qui lie les ames & augmente leur valeur & leur prix; le plaiſir de ſe voir réunis loin des méchans, loin des cœurs frivoles, leur inſpiroit une joie douce & vive. Ils ſe communiquoient les tréſors de la penſée, ils formoient enſemble de grands projets, & s'uniſſoient pour le bonheur de l'humanité; tous travailloient enſemble à l'exécution de plans vaſtes & ſagement ordonnés; plaiſir ignoré de ces êtres peſans, qui n'ayant jamais ſenti le goût des grandes choſes, traînent obſcurément un corps qui les opprime, les maîtriſe, & auquel ils n'ont jamais ſû commander.

Là, ne ſe rencontrent point ces ames baſſement avides, qui n'ont jamais tourné leurs regards que ſur eux-mêmes, mais plutôt ces cœurs héroïques qu'une vertu sans tache & sans fard a consacrés à l'immortalité & au respect de leurs neveux. Les dignes épouses, les fils dociles & respectueux, les citoyens morts pour la patrie, les amis vertueux, y vivent ensemble. Là, se voit Decius, il porte encore les cicatrices des flèches dont il a été percé. Là, Codrus, qui sauva Athenes, & qui eut la gloire d'être le dernier de ses Rois. Là, Regulus, victime de la foi. Là, cette Romaine généreuse qui ordonna à la Nature d'interrompre ses loix pour son plus heureux triomphe. Là, ce Héros moderne, qui porta la chaîne des forçats à la place d'un pere, qui l'annoblit, qui la rendit respectable, & la fit presque envier. Tous se voyent avec complaisance, & forment un corps qui réconcilie les regards du ciel avec la terre.

Dans ce séjour divin, j'étois comme ravi en extase. O! que ne m'est-il permis de rapporter tout ce que mon cœur a éprouvé! mais les ames

E 3

nées pour m'entendre iront au-delà de mes foibles discours, & celles qui ne m'entendroient pas, regarderoient mes paroles comme vaines, insensées ou chimériques.

J'aurois voulu demeurer éternellement près de ces modeles vivans de sagesse & de vertu; je n'aurois pas souhaité un autre bonheur; mais le vénérable mortel qui m'avoit introduit, m'avertit que le seul aspect de ces beaux lieux m'étoit permis. J'étois trop peu digne d'y demeurer; en revenant sur mes pas, je tournois la tête en soupirant vers ces simulacres divins, rayonnans d'une beauté toujours nouvelle. Ce sage prit la parole, & me dit: eh bien! ami, faut-il vous demander si vous irez encore assiéger cette coupable montagne, ou vous baigner dans ce lac dangereux! cessez de vous affliger, votre place est ici, si vous aimez constamment la vertu. O mon bienfaiteur, lui dis-je, lorsqu'on a vu ce séjour, comment ne pas desirer uniquement de l'habiter ! Sans doute, me dit-il, lorsqu'on l'a vu avec des yeux non fascinés ; mais que d'hommes foibles après avoir entrevu les choses célestes, en ont perdu la mémoire, & ont été reprendre les chaînes honteuses qu'un instant de courage leur avoit fait briser ; combien d'autres se sont égarés dans une orgueilleuse confiance, ou dans une frivolité enfantine ! Ils ont quitté ces belles allées d'une symmétrie majestueuse pour aller se promener sons des myrtes profanes ; au milieu des danses & des jeux, couronnés de stériles bruyeres, ils s'imaginoient sentir l'odeur de ces lauriers divins !

Il ne suffit donc pas du desir d'habiter ces augustes retraites, il faut une persévérance noble & à toute épreuve. Quiconque voudra entrer dans ces sentiers immortels, s'égarera, s'il ne passe d'abord sous ce saint portique, où la Religion, l'Humanité, & la Probité doivent recevoir & son hommage & ses sermens ;

alors, qu'il entre, qu'il cherche ici son modele, qu'il contemple & ses pensées & ses actions, pour agir conformément à ses vertus, qu'il s'attache à suivre cet exemple héroïque & vivant. Voilà, jeune homme, ce qu'il te reste à faire ; c'est alors que tu pourras cueillir un rameau de cet arbre de l'immortalité qui s'éleve dans la nue : tu le planteras avec respect à quelques pas du sien, & un jour son ombrage fera les délices de tes dernieres années. Vois le mien, qui semble déjà fleurir. O ! mon fils, il va porter les fruits que j'en attends ; une douce joie m'ennivre, une force surnaturelle s'empare de mes sens ; je meurs, ou plutôt je commence à vivre pour toujours.

En effet, son œil tourné vers le ciel, s'éteignoit insensiblement ; il fit un léger soupir, & son ame s'envola ; je m'élançai pour l'embrasser, & l'effort que je fis fut si grand, que je m'éveillai.

SONGE QUATRIEME.

Les Lunettes.

J'Avois vu un de ces fripons ambulans qui se vantent de prédire l'avenir. Tandis qu'il mentoit impudemment, & qu'il exerçoit sur des ames livrées à la curiosité & à la terreur, cet ascendant singulier que les plus vils des hommes savent prendre sur la foiblesse des autres, je me disois, ce fourbe est un imposteur; mais si sa science n'étoit point vaine, ne seroit-il pas utile de pouvoir deviner quelque chose des événemens futurs ? La prudence n'est-elle déjà point une maniere d'appercevoir ce qui peut arriver ? N'est-il pas des pressentimens secrets que plus d'attention pourroit perfectionner ? Que de fois l'homme peche plus par erreur que par malice ! Pourquoi l'avenir est-il un mur impénétrable, tandis que tous les tems passés viennent sous un seul & même point, accabler & attrister vainement notre imagination? Le passé n'est plus en notre pouvoir, mais nous pourrions jusqu'à un certain point modifier l'avenir.

Je m'endormis dans ces idées, & je me trouvai dans une vaste bibliothéque. Je voulus ouvrir quelques livres, mais tous se trouverent scellés. Je n'en apperçus qu'un qui étoit ouvert sur une table. J'y portai les yeux, & je lûs le conte suivant, que j'ai transcris au moment de mon réveil.

Un jour Xuixoto, Dieu des Indes & de la Terre, du haut de son palais aërien, jetta les yeux sur le genre humain, qui ne paroissoit à ses pieds que comme une fourmilliere qui se meut & bourdonne. Il daigna l'écouter, & fut surpris des plaintes continuelles qui frapperent son oreille. Tout ce qu'il avoit fait n'étoit point bien fait ; jamais il ne s'asséyoit sur son trône qu'aussi-tôt mille voix injurieuses, ne censurâssent sa justice, ne bornâssent sa sagesse, & n'insultâssent à sa toute-puissance. Le petit peuple, malgré ses pieuses momeries, n'étoit pas celui qui proféroit le moins de blasphêmes. Mutin & séditieux dans son ignorance, s'il faisoit beaucoup de prieres, il exhaloit encore plus de murmures. Pour ceux qui prenoient le nom pompeux de Philosophes, ils mêloient à leurs raisonnemens les railleries les plus ameres, & ne voyoient qu'imperfection dans les ouvrages les plus admirables de la Nature. Toujours chagrins & mécontens, ils ne paroissoient sensibles qu'au plaisir de censurer ; tout étoit affreux dès qu'ils avoient mal aux dents, & lorsqu'il tonnoit, leur orgueil étoit blessé d'entendre une voix aussi majestueuse gronder au-dessus de leurs têtes. Si Xuixoto eût daigné prendre leurs avis, ce monde auroit été bien mieux arrangé ; mais tous les raisonneurs sots ou orgueilleux, fanatiques ou impies, sembloient réunir leurs clameurs pour former une seule & même plainte. Pourquoi l'avenir est-il fermé à nos yeux ? voilà assurément une cruauté gratuite. Si nous pouvions lire dans le tems futur, nous éviterions les fausses démarches, source de nos malheurs; nous aurions plus de courage dans l'adversité, nous préviendrions mille accidens où notre propre prudence ne sert souvent qu'à nous précipiter; enfin, nous nous arrangerions d'après la nécessité absolue des événemens : au-lieu, qu'errans dans des ténèbres épaisses, la crainte empoisonne nos jours ; cet avenir nous devient redoutable, & nous ne vivons jamais dans le moment présent. Qu'on apprenne à ces insensés, dit Xuixoto dans son courroux paternel, que ce n'est pas moi, mais eux seuls, qui veulent & qui font leurs malheurs. Oradou, premier Ministre de ses volontés, reçut aussi-tôt l'ordre de publier sur le globe de la terre, que quiconque auroit à se plaindre de son sort, eut à se trouver au pied de la montagne de Valepuzi, & que Xuixoto en personne daigneroit leur répondre.

La résolution du Dieu des Indes étonna la race des hommes. Nos déclamateurs en demeurerent interdits. Si Xuixoto alloit acquiescer à tous leurs vœux, ils n'auroient plus d'occasion d'exhaler leurs satyres & leurs bons mots; & quel bien pouvoit compenser cette perte! D'ailleurs, chacun étoit fort irrésolu pour savoir au juste ce qu'il demanderoit. Un certain nombre s'accordoit à demander l'immortalité ; par ce don, chaque passion sembloit devoir être satisfaite. Le héros ne voyoit plus le terme de sa gloire ; l'avare espéroit que plusieurs siécles de parcimonie grossiroient son trésor au gré de son avidité ; le voluptueux, à la renaissance de chaque aurore, flattoit son imagination de l'image variée d'un plaisir fugitif, il est vrai, mais si fréquemment renouvellé, qu'il lui paroîtroit durable; le savant pouvoit abandonner toute son ame à sa vaste ambition, creuser l'abyme des sciences, déchirer tous les voiles de la Nature, tout voir, tout sonder, tout pénétrer, & n'envier plus le privilége des êtres inanimés, qui dans leur inertie, bravoient la révolution des siécles, tandis que l'être pensant descendoit dans la tombe, lorsqu'à peine, il ébauchoit son ouvrage.

Chacun présenta donc une requête différente; mais la fin de chacune tendoit à supplier Xuixoto de soulever le bandeau qui leur cachoit l'avenir. Le motif de leur demande étoit que par ce moyen ils sauroient prévoir leurs maux, & se prémunir d'avance contre la douleur. Ils attendoient le jour marqué avec impatience pour élever un cri unanime; ce jour arriva, & les environs du mont Valepuzi se trouverent peuplés d'une multitude innombrable; c'étoit l'assemblée des mécontens.

Il est inutile de dire que le tonnerre précéda la descente de Xuixoto, qu'il étoit assis sur un nuage étincelant, que des éclairs partoient de ses yeux, que la foudre éclatoit entre ses mains, & que dès qu'il remua le sourcil, la terre & ses habitans tremblerent. Zelon même, ce Philosophe si audacieux, la plume à la main, fut saisi de terreur. Le dessein du bon Xuixoto n'étoit pas d'exterminer la race des hommes, mais de leur montrer seulement ce qu'il étoit lorsqu'il s'armoit dans son colere.

Tout à coup une lumiere rayonnante & pure succéda aux éclats enflammés de la foudre; le tonnerre enchaîné ne frappa plus les montagnes que d'un bruit expirant. Zelon en reprenant courage reprit son audace; il avoit vu Xuixoto sourire, &, fier de sa bonté, il eut la témérité de lui adresser ces paroles:

O toi, qui es Dieu, & comme tel, assis à ton aise au-dessus de toutes les miseres qui tourmentent ce pauvre genre humain; toi, qui es impassible & heureux, tandis qu'il souffre, si tu veux que nous supportions notre misérable existence, présent fatal de ta main toute-puissante, ôtes-nous le bandeau qui ne sert qu'à nous égarer : nos desirs ne nous séduisent que pour mieux nous tromper; fais-nous voir ce qui est, & ce que nous pouvons raisonnablement attendre. Ce n'est pas seulement l'intérêt de notre bonheur qui t'adresse cette priere, c'est encore l'amour de ta plus grande gloire. Aveugles que nous sommes, courbés sous le poids de nos maux, n'ayant pour soutien qu'une espérance illusoire, pouvons-nous t'adorer dignement, lorsque sourd à nos cris, tu te tais, & qu'enveloppé dans ta grandeur, tu te voiles à des regards qui ne cherchent que toi. Pouvons nous t'offenser, êtres sensibles & gémissans, en desirant de connoître ce que nous réservent enfin & ta bonté, & ta sagesse, & ta puissance ! Alors, notre œil charmé embrassera, sans doute, le plan de tes œuvres admirables, & nous attendrons avec une patience respectueuse, l'aurore du beau jour qui déterminera notre félicité. Si nous devons souffrir avant ce tems, nous souffrirons avec plus de fermeté : oui, le sage peut être ébranlé par un accident imprévu qui le terrasse au même instant qu'il est frappé; mais la douleur contre laquelle il a sû s'armer de longue main, ne lui porte plus que de foibles atteintes. O puissant Xuixoto! ta justice dévoilée deviendra l'objet de nos hommages éternels; tu seras plus grand à nos yeux, lorsque nous te connoîtrons mieux. Si cette priere allume ton courroux, frappe un malheureux ver de terre, auquel tu as donné un cœur qui soupire après le bonheur ; & que te demandons-nous, si ce n'est de connoître ton intelligence, ton amour & ta clémence?

Zelon se tût, & Xuixoto répondit avec le sourire tendre & fier de la compaffion. Foibles mortels, vous le voulez, je remplirai votre demande. Vous connoîtrez l'avenir ; mais fi dans les regrets qui troubleront le moment de votre félicité préfente, vous gémiffez, gémiffez fur vous-mêmes, & fouvenez-vous que ce ne fut pas Xuixoto, mais votre curiofité imprudente, qui prépara votre infortune !

Alors, il donna fes ordres à Oradou, fon Miniftre, qui fe mit à diftribuer les lunettes qu'il avoit en fes mains. Ces lunettes avoient une double vertu ; elles montroient d'un côté la fomme du bonheur dont on pouvoit jouir, & de l'autre on appercevoit toute l'étendue du malheur qu'on avoit à craindre. Le Dieu après avoir fait ces dons aux mortels, remonta lentement dans les cieux, au milieu des éclairs, & dans le même appareil qu'il étoit venu ; mille cris de joie & d'applaudiffemens l'accompagnerent jufques fous les arcs lumineux de fon palais ; les hommes firent éclater ces transports d'allégresse, parce qu'il avoit exaucé leur folie. Si le grand Xuixoto eut fait descendre sur eux un bienfait réel, mais caché, tout le peuple auroit murmuré, tant notre ignorance s'étend jusques sur la connoissance de nos vrais intérêts.

S'il faut en croire l'histoire, bien prit à Oradou d'être de substance céleste, car la foule qui le pressoit pour avoir de ses lunettes étoit si grande, qu'infailliblement un corps mortel y auroit succombé. Quand j'aurois cent langues, il me feroit impossible de raconter les effets divers que produisirent ces merveilleuses lunettes ; je ne puis que choisir ici quelques exemples.

Aline, jeune beauté de quinze ans, fut la premiere qui satisfit son desir curieux ; elle s'étoit collée au sein du Ministre, & avoit arraché la lunette de sa main avec une espece de violence. Vive, folâtre, éblouissante, ennemie de tout ce qu'on nomme chagrin, réflexion, ennui, elle évitoit jusqu'à l'ombre du férieux; elle n'appliqua point à fon bel œil, le verre qui prophétifoit l'infortune; mais plutôt le verre fortuné qui préfentoit le bonheur. La jeune Aline étoit ambitieufe; elle étoit paitrie d'un certain amour-propre qu'on pouvoit appeller orgueil; &, par-deffus tout, elle étoit amoureufe au fuprême degré. Comme fon cœur palpita de joie lorfqu'elle apperçut une félicité telle qu'elle la defiroit! elle fe voit belle, mais belle jufques à exciter la jaloufie des Déeffes. Le Roi des Dieux eft prêt à fubir une nouvelle métamorphofe pour furprendre fon cœur; les yeux de fes rivales s'enflamment de courroux à l'afpect de fes charmes; les princes de la terre, les héros du fiécle, tombent à fes genoux; Aline triomphante, Aline fiere de fa beauté, dans l'ivreffe de fa gloire, fe crut l'ame affez forte pour foutenir le verre oppofé. Elle n'y jetta qu'un coup d'œil,

& poussa un cri perçant. Hélas! ce régne si flatteur ne devoit durer qu'un lustre; cette maladie terrible qui détruit la beauté, devoit un jour creuser ces joues polies comme l'ivoire, grossir ce nez fin & voluptueux, & sillonner ce front si plein de graces. Elle perd le bien le plus précieux qu'elle posséde, le trésor qui faisoit son unique mérite : elle voit une longue suite d'années traînées dans la tristesse & le dégoût; elle n'a plus d'amans, & ses rivales qu'elle effaçoit jadis, insultent aujourd'hui à sa laideur. Le lustre fortuné s'écoule trop rapidement; Aline a mille adorateurs, mais elle est dévorée d'un chagrin secret. Elle soupire à chaque nouvel hommage de ses amans, lorsqu'elle se représente que bientôt elle va devenir l'objet de leurs mépris. Si elle consulte son miroir, ce n'est plus cet œil brillant, ce teint fleuri, cette bouche enchanteresse qu'elle apperçoit, elle ne voit que les tristes sillons à jamais gravés par une main désolante. Ah! si elle étoit demeurée dans son heureuse ignorance, elle auroit eu du moins cinq années, filées par la main des plaisirs, par cette main douce quoique trompeuse.

On honoroit Misnar comme le plus vaillant capitaine de l'Inde. Au milieu de la foule empressée, l'admiration & le respect que son nom inspiroit, lui permirent une libre approche. Il fut un des premiers qui obtint ce dangereux présent, il le reçut avec un air moqueur & un sourire ironique, comme indifférent & supérieur à sa propre destinée. Misnar découvrit d'abord ce qui flattoit son orgueil ambitieux. Il vit la victoire brillante atteler des rois à son char, & lui, couché sur des lauriers, recevoit les honneurs du triomphe au milieu des acclamations publiques. Des peuples entiers reposoient à l'ombre de son glaive. Sur les débris de chaque ville ennemie, s'élevoit une colonne de gloire qui devoit tranfmettre à l'avenir, les exploits de fon génie & de fon courage. Les Poëtes le déifient; chaque jour accroît fa renommée, & raffemble autour de lui la foule des plaifirs. Mifnar feroit mort fatisfait au doux bruit des chants de la gloire, mais il voulut favoir ce que fon nom deviendroit chez la poftérité; il tourne la lunette. Quel changement! fon nom eft en horreur, la voix des fages le range dans la claffe des brigands forcenés, qui ont mis un affreux plaifir à faire couler le fang des hommes! L'Hiftoire, au front ferein, à l'œil redoutable, préfente aux races futures le miroir fidele, où fe réflechit la vérité, l'inflexible vérité: elle avoit été déguifée pendant fa vie par la foule de fes adulateurs; aujourd'hui vivante & formidable, elle fait pâlir les rayons menfongers d'une gloire fondée fur le meurtre, les larmes & les cris de l'innocente foibleffe. Ces colonnes, ces obélifques font réduits en pou-

dre; ces noms de héros, de conquérant, de vainqueur, sont changés en ceux de furieux, d'ambitieux, d'homme injuste : on ne se souvient de lui que comme de ces tremblemens de terre qu'on ne se rappelle qu'avec effroi, ou plutôt avec le secret plaisir de n'en avoir pas éprouvé les redoutables effets. Misnar voit tous les vils ressorts de son cœur à jamais dévoilés. Tout meurt, excepté son opprobre, & celui du Poëte assez malheureux pour avoir chanté l'ennemi du genre humain. Misnar est demeuré immobile d'étonnement ; on le vit le reste de sa vie insensible aux palmes qui ombrageoient son front. Parmi les fêtes brillantes instituées à son honneur, au milieu des plus doux concerts, il entend la voix de la postérité qui lui dit à l'oreille : » Homme de sang, on t'encensoit » jadis en public, on te maudit au- » jourd'hui ; tu n'as fait que des mal- » heureux, tu es le fléau de l'univers,
» tu

» feras à jamais odieux au génie de
» l'humanité.

La jeune Elmire parut, & sur son front se peignoit la plus vive douleur; toute la ville s'intéressoit à son sort. Qu'elle étoit malheureuse! gémissante sous la tyrannie d'un vieil époux, avare & jaloux, son pere avoit serré de force ces nœuds cruels. Elle aimoit en secret le jeune Damon; elle en étoit aimée. Son sein, qu'animoient la jeunesse, l'amour, la volupté, pouvoit-il respirer l'air, sans exhaler des soupirs douloureux! éloignée de celui pour qui seul elle supporte le jour, sa vie s'écouloit dans le chagrin & dans les larmes; elle étendit une main tremblante pour saisir la lunette prophétique, & elle demeura un moment indécise. Elle craignoit d'y lire un malheur éternel; mais Elmire étoit femme, & la curiosité l'emporte. Au premier coup d'œil son cœur nage dans la joie; elle s'écria: que Xuixoto est un Dieu bon! en effet, elle appercevoit le convoi funebre de son vieil époux, qui s'achemine lentement vers le Temple; son cercueil est couvert d'un drap mortuaire richement orné, & trois jours après, non loin de cette même tombe où son tyran est scellé d'un marbre que rien ne pourra rompre, elle reçoit les sermens de son amant à un autel étincelant des flambeaux d'un plus doux hyménée. Son imagination goûte d'avance les fruits de cette union; ses desirs, si long-tems contraints, brillent avec une nouvelle vivacité, ils vont se perdre dans le sein de cet amant chéri dont elle attend tout son bonheur. Elle s'oublie quelquefois dans ce rêve enchanteur, &, pleine de feu, elle embrasse le septuagénaire avec le même transport qu'elle embrasseroit le jeune Damon. Le podagre s'étonne de ses vives caresses; il observe que ses beaux yeux ne sont plus inondés de larmes, mais brillans d'une douce langueur; il redoute une perfidie cachée, & punit sa tendresse en redoublant sa vigilance inflexible. Le vieux débauché lutte encore quelques mois contre la goutte, un asthme & une toux violente ; enfin il meurt. Elmire est libre ; maîtresse de gros biens, & maîtresse de son sort, elle épouse le beau Damon ; mais ô revers ! l'image de son amant, pendant son esclavage, avoit été si puissante sur son esprit qu'elle ne pouvoit manquer de s'affoiblir. La réalité du bonheur est bien au dessous de son attente ! nos passions n'ont d'autre nourriture que les difficultés. Elmire & Damon sont unis. Que manquoit-il à leur félicité ! il y manquoit la douce surprise, seul charme de l'amour. Leur imagination ardente avoit dépensé tous les biens dont ils devoient jouir, & leurs feux s'étoient rallentis en touchant le but desiré. Elmire regrette le tems où elle se faisoit une si douce peinture d'une volupté qui n'est plus pour elle qu'une illusion ; elle gémit comme Psyché d'avoir détruit le charme de l'amour en voulant le connoître.

Adiram avoit reçu de la nature, un caractere heureux, un cœur droit, une ame senſible. Il étoit jeune; il ne put réſiſter à l'exemple général. La curioſité eſt une folie qui ſe communique; l'honneur étoit ſon idole, l'honneur le rendoit capable de toute noble entrepriſe; mais, faut-il l'avouer, impétueux dans ſes paſſions, elles l'emportoient trop loin; il étoit dans cet âge où le cœur de l'homme, tel qu'une balance en équilibre, eſt également ouvert aux impreſſions du vice & de la vertu. Un grain peut le faire pencher du côté fatal. Adiram auroit ſuivi le paiſible chemin de la vertu, ſi, content du ſort que les Dieux lui avoient fait, il n'eut pas voulu indiſcrettement pénétrer l'avenir. Malheureuſement, un des verres de la lunette apprit à ce jeune homme qu'il devoit jouer dans ſa patrie un rôle conſidérable. Quel cœur, doué de paſſions fortes, n'eſt point ambitieux? & que pouvoit deſirer de plus, un cœur livré à la ſoif des grandeurs? Adiram apperçoit la place de premier Miniſtre qui l'attend, c'étoit peu; le cœur de ſa maîtreſſe, ce cœur rébelle & ſuperbe, deviendra ſa conquête. Occupé de cette ſcène raviſſante qu'il parcouroit lentement & avec délices, ce fut en vain qu'il appliqua l'autre verre à ſon œil. Son imagination enflammée l'abuſoit, en ne lui repréſentant que ce qu'il venoit d'admirer avec tant de complaiſance. Dans ſa préſomption il ne découvrit pas ce que ſa légéreté, ce que l'abus de ſes talens lui préparoient de funeſte. Plongé dans ſon illuſion, il retournoit au verre fortuné, & prenoit l'erreur de ſes deſirs pour le témoignage d'un bonheur ſans mêlange. Orgueilleux de ſes deſtins, ſa conduite devint fiere, hautaine, inſolente; il fit ſentir à ceux qui eurent le malheur de l'aborder, la ſupériorité de ſes talens,

& le mépris qu'il faisoit des autres hommes. Il s'abandonna à tous ses desirs, parce qu'il savoit que le succès ne pouvoit manquer de les couronner. L'orgueilleuse Ismene est enchaînée sous le joug de l'hymen; mais il semble l'honorer en daignant l'admettre à sa couche. Ses caresses sont, pour-ainsi-dire, des graces qu'il accorde; elle voulut faire parler sa fierté, elle rencontre un orgueil plus terrible qui l'écrase & la réduit au silence. Adiram se fit autant d'ennemis qu'il rencontra d'hommes; il crut les humilier en les abaissant, mais il ne recueillit que la haine; & l'indignation universelle paya son dédain. L'arrêt du Dieu s'accomplit par degrés. Adiram monta jusques au terme où on ne peut plus monter. Il crut triompher de la foule de ses ennemis, parce qu'il étoit si élevé, que leurs clameurs ne perçoient plus jusques à lui. Adiram avoit tout éprouvé, excepté le malheur. Le malheur vint fondre sur lui, comme la foudre se précipite sur un chêne voisin de la nue. Cet ambitieux, semblable au voyageur parvenu avec peine au sommet d'une montagne escarpée, trouve un sentier glissant, tombe & roule dans les précipices. Sa chûte fut horrible, chacun y applaudit, & se vengea de son orgueil : tout l'humilie, jusqu'à sa femme qui ne gémissoit point d'un revers qui terrassoit son époux. Ses biens immenses avec lesquels il n'avoit pû s'attacher, je ne dis point un ami, mais un seul homme reconnoissant, devinrent en un moment la proie de ceux qui avoient médité sa ruine. Les peines qu'on se donne pour nuire sont rarement infructueuses, & l'orgueil des hommes ne pouvoit avoir une victime plus agréable à immoler. On le méprise autant qu'il a méprisé ses semblables ; on lui rend avec usure les dédains qu'il a prodigués. Il traîna long-tems des jours avilis, en butte à la dérision publique ; il mourut dans les horreurs du désespoir. Qui rendit ce jeune homme superbe & malheureux ? ce fut la fatale connoissance du sort brillant qui l'attendoit ; ses succès firent son audace, & l'impunité le rendit méchant. Il avoit des vertus lorsque sa fortune étoit encore douteuse ; il s'étoit fait des amis, & il auroit pû parvenir à une vieillesse heureuse & respectée ; mais il fut haï justement ; & malheur à tout cœur hautain, qui (même sans consulter aucune lunette) connoîtra trop tôt ses hautes destinées.

On vit arriver sur ses pas, deux personnages remplis l'un pour l'autre d'un mépris profond. L'un étoit un Poëte nommé Néothete, & l'autre un Philosophe, (le même qui avoit harangué le clément Xuixoto.) Le Poëte prit le premier la lunette, & le Philosophe se mit à l'observer, car il n'y avoit point de spectacle plus risible à ses yeux, que la vanité d'un Poëte. Notre Poëte passoit son tems à polir du cuivre avec tout le soin imaginable ; il faisoit une dépense prodigieuse d'esprit pour orner tous les colifichets du siécle. Quel spectacle! ses brochures reposent sur les toilettes; il interdit à ses lecteurs la fatigue de penser, quel auteur plus charmant, plus aimable, plus délicieux! Il tourne la lunette pour consulter un peu l'image de la postérité; il apperçoit une renommée légere d'environ quinze années, tant qu'elles pouvoient s'étendre, après quoi, il devoit descendre tout vivant dans le fleuve d'Oubli, fait pour ensevelir tout le bel esprit du monde. Je crois que Néothete aura pû se tromper, & qu'il se pourra bien faire qu'il y aura encore quelques années à rabattre. Le Philosophe vit avec plaisir le nuage qui venoit de se répandre sur son front, & s'amusa beaucoup de son étonnement.

Le Philosophe prit à son tour la lunette, & vit du côté favorable le Génie en personne; c'étoit un bel Ange rayonnant de gloire; deux aîles éclatantes le soutenoient dans les airs ; une flamme pure & facrée brilloit fur fa tête immortelle ; dans fa main, une épée flamboyante terraffoit les monftres de l'univers, tels que le Fanatifme, l'Erreur & l'Intolérance. A fa voix, les arts utiles enrichiffoient la terre : l'homme s'annobliffoit devant fes regards ; un plan échappé de fa main traçoit le bonheur des Nations. Il verfoit une lumiere durable qui éclairoit le monde, & la Fraude, la Calomnie, la Violence cherchoient en vain des ténebres pour y enfevelir leur honte. Ses traits perçans montroient à la poftérité les noms dévoués à l'opprobre, & immortalifoient les vertus. Notre Philofophe ne manqua pas de croire que c'étoit fon propre Génie qui s'offroit à fa vûe. Il confulta par air le verre oppofé. Quel changement ! ce n'eft plus cet être brillant & lumineux, c'eft une furie environnée de feux & de torrens de fumée ; elle s'élance par bonds inégaux, une torche à la main, un poignard de l'autre. Elle embrâfe dans fon audace aveugle & téméraire, & les autels où l'on revere les Dieux, & les trônes où s'affeyent les Rois. Elle ébranle les fondemens des Empires, & plane fur les débris des opinions humaines. Tantôt conduifant les Alexandre, les Céfar, les Tamerlan, elle ordonne le meurtre de plufieurs millions d'hommes qui s'égorgent avec art; tantôt, elle inftruit les defpotes dans l'art profond d'afservir les humains ; elle leur met le nom d'humanité dans la bouche, & la cruauté dans le cœur. Plus ingénieufe dans fa barbarie, elle infpire les Spinofa, leur dicte leurs fyftêmes monftrueux & défefpérans, attaque les dogmes de l'univers, renverfe ces appuis facrés du genre humain, ébranle l'efpoir & la confolation des malheureux, plonge l'efprit dans un doute affreux, ou dans un égarement ftupide, brife l'effigie de la morale touchante, rit de la vertu, infulte à fa candeur & à fa place, ne fouffle que les feux

F 6

impurs de la débauche, & le poison contagieux de l'athéisme. Tel parut aux yeux de Zelon ce Génie si différent de lui-même, lorsqu'il abuse de son autorité puissante. Je ne sais si le Philosophe (ou plutôt celui qui en usurpoit le nom) s'y reconnut; mais il brisa la lunette véridique en se vantant toujours de chercher par-tout la vérité.

L'aveugle Myope, malgré le petit partage d'entendement que lui avoit prêté la Nature, possédoit assez de folie pour vouloir savoir ce qu'elle avoit à craindre ou à espérer de l'avenir. Elle prit la lunette avec la plus grande vivacité, & ne vit rien. Toute en colere, elle la retourna & n'en vit pas davantage. Furieuse, elle combla Oradou de reproches & d'injures, prétendant qu'on la trompoit, que les dons de Xuixoto étoient tout aussi-bien faits pour elle que pour un autre, & qu'elle devoit avoir, elle, une destinée marquée dans les décrets du Ciel, une destinée enfin toute particuliere. La pauvre femme ne comprenoit pas que la faute n'étoit que dans son œil. O la folle ! s'écrioient ceux qui l'entouroient, & ils oublierent qu'ils n'avoient gueres de meilleurs yeux. Myope continua de végéter avec sa vûe courte, & tout en végétant de se plaindre de Xuixoto & d'Oradou. Elle garda toujours au fond du cœur une profonde estime pour elle-même, & préféra, comme de raison, son œil qu'elle croyoit excellent, à l'œil perçant des aigles.

Un jeune homme vertueux, plein de sensibilité, encore entre les mains de la Nature, voulut aussi connoître l'avenir. Son ame pure s'élançoit vers tous les objets pour saisir la vérité, la confiance, le bonheur. Il ne voyoit dans l'univers que des cœurs généreux. Il le peuploit d'amis sinceres, d'hommes compatissans; il ne connoissoit que de nom, la calomnie, le mensonge, la dissimulation, la méchanceté; il prodiguoit sa tendresse aussi aisément que son or, épanchant son ame ingénue dans les douces confidences de l'amour & de l'amitié. Son ame ouverte ne sondoit point le sombre labyrinthe des cœurs. Oradou touché de ses vertus, lui dit lorsqu'il étendoit la main pour prendre le don fatal : Bon jeune homme, reste, reste paisible dans l'obscurité qui t'environne ; tu perdrois trop à être détrompé ; crois que Xuixoto a fait sagement, lorsqu'il vous a condamnés à une ignorance réciproque ; elle sert à vous cacher dans l'ombre, des perfidies qui vous désespéreroient, si elles étoient exposées au grand jour. Ce discours révolta le jeune homme ; donne, dit-il, donne, destructeur atrabilaire de la Nature humaine ; tu ne vois pas les liens les plus doux & les plus forts du cœur de l'homme, l'amitié, l'estime ; je les sens avec transport ; mon cœur né pour la vertu, la reconnoît dans mes semblables : donne, que je contemple cet ami, cette beauté que j'aime, & le fil des jours heureux que tour-à-tour je dois couler dans leurs bras. Oradou lui remit la double lunette en foupirant. Le jeune homme vit d'abord fon ami attaché à fes pas, partageant fes plaifirs, prêt à verfer fon fang pour fa moindre querelle. Il vit fa maîtreffe le ferrer fur fon beau fein, avec l'air de la bienveillance & d'un tendre intérêt. Ah! dit-il, je favois bien que l'humanité étoit ainfi faite, & que le bonheur tient au befoin d'aimer nos femblables. Il faut étendre la fphere de l'amitié pour étendre celle du plaifir. Il retourne le verre. Hélas! que ce cœur à découvert va recevoir de traits. Il voit un petit monftre noir, toujours implacable, toujours envieux, percer d'un dard envenimé le cœur de fon ami. Ce petit monftre étoit l'Amour propre. Il fe regardoit dans un miroir, & tout difforme qu'il étoit, il fe comparoit fans ceffe à ce qui l'environnoit. Il ne favoit facrifier aucun de fes defirs, ni fouffrir aucune jouissance qu'il n'avoit pas exclusivement. Cet ami si fidele se trouve empoisonné de sa vapeur infernale. Une inimitié secrette se fait jour dans son cœur. La contrainte rend le poison plus actif; il sourit lorsqu'il brûle de rage; il caresse lorsqu'il médite une vengeance. Enfin, sa fureur composée de mille passions comprimées, éclate tout à coup; son bras leve le fer sur le même sein qu'il a tant de fois pressé sur son cœur. Il voit celle qu'il adoroit consommer sa perfidie avec ce même ami, & rougir, non d'être découverte, mais de n'avoir pû l'abuser plus long-tems.

La lunette tomba des mains de ce malheureux jeune homme. Il voit le bonheur précipité de son trône brillant, dépouillé des rayons dont sa crédulité l'embellissoit. Cette amitié dont il se formoit une image vivante, active & courageuse, n'est plus qu'une statue froide, immobile, inanimée, ou plutôt une furie armée de ses propres bienfaits. Cet amour divin étoit la basse soif de l'or. Il fuit, il va ensevelir dans les déserts le regret d'avoir été horriblement trompé; il tomba dans une sombre misanthropie; & le reste de sa vie, il paya de ses larmes son imprudente curiosité.

Le pauvre Irus, malheureux cul-de-jatte, traîna les restes de son corps mutilé vers Oradou. Le misérable avoit à peine deux pieds & demi de haut. Il fut obligé d'attendre qu'Oradou eut satisfait la foule avide des curieux; il se lamentoit dans son impatience; il élevoit une voix cassée & suppliante; mais défiguré, couvert de plaies, le dernier des hommes le repoussoit avec brutalité. Irus ne fut pas même assez heureux pour perdre la vie dans la foule; il eut les mains toutes meurtries, plusieurs de ses plaies se rouvrirent & l'inonderent de sang. Ses jours n'avoient été qu'une longue chaîne de calamités. Eh! qui pouvoit lui faire supporter le fardeau de l'existence, si ce n'étoit l'espérance, compagne fidelle des infortunés ? Elle donnoit des forces à ses organes affoiblis; elle adoucissoit son regard souffrant. Le misérable Irus ne s'endort jamais, qu'aussi-tôt un songe agréable & trompeur ne vienne lui promettre un adoucissement à ses maux. L'aurore luit, Irus quitte son grabat, il espere; mais le jour suivant aggrave le poids de son infortune. Irus soupire, & résigné, il leve les mains au Ciel, & dit : Dieux puissans, ah !... c'est demain que vous jetterez un œil de pitié sur ma misere ! oui, c'est demain. Il s'endort dans cette idée; elle seule diminue l'horreur de ses peines. Oradou, s'écria-t-il d'une voix perçante & plaintive, vois la foule inhumainne qui m'écrase ; ne me laisse pas plus long-tems gémir. L'incertitude de l'avenir m'est cent fois plus cruelle que le présent. Baisse les yeux; vois un reste d'homme, qu'a mutilé la foudre des Dieux, & dont le ravage n'a épargné que le souffle. Je suis persuadé que Xuixoto est un

Dieu juste, & qu'il ne me laissera point éternellement souffrir. Ministre équitable de ses bontés, laisse-moi appercevoir la fin de mes malheurs! la mesure est remplie ; le Ciel doit être satisfait. Que je le voye ce jour heureux ; dut-il être unique, & je mourrai content. Oradou, qui étoit aussi éloquent que le Dieu Mercure, employa vainement les meilleures raisons pour le dissuader. Irus poussa des cris lamentables, & le força par ses ardentes prieres à lui accorder ce don funeste ; il le saisit d'une main avide, & tour-à-tour appliqua chaque verre sur l'œil qui lui restoit. La pâleur vint blanchir un visage déjà exténué; il voit l'infortune, infatigable à le poursuivre, se lever avec chaque aurore pour l'accabler sans relâche ; pas une heure consolante ne doit suspendre le cours de ses maux ! Son sort est d'être sans cesse malheureux, & jusqu'au dernier soupir. Il perd toute espérance ; l'espérance, cet élixir précieux, qui, mêlé dans le calice du malheur, nous donne la force de le boire. Si l'infortuné tombe épuisé de souffrances sur la pierre dure, un lendemain plus terrible vient porter dans son cœur une amertume affreuse; il reconnoît alors, mais trop tard, la sagesse de Xuixoto, qui lui cachoit un avenir aussi redoutable; il seroit tombé dans les bras de la mort, en se jouant jusques sur les bords de sa fosse avec les douces illusions de l'espérance; aujourd'hui rien n'affoiblit le sentiment de ses peines; il ne voit pour consolateur que le spectre du trépas; mais il recule à l'aspect de ce consolateur horrible.

L'histoire rapporte qu'une tête couronnée dans son orgueil ou son effroi, voulut aussi consulter les arrêts du destin. Malgré le déguisement du Monarque, on le reconnut à son air militaire & à la fierté de sa démarche. Oradou qui, par sa qualité de demi-Dieu, n'avoit pas plus de respect pour les Rois que pour les Irus, ne se prosterna point en sa présence; mais il lui préfenta avec une efpece d'empreffement une lunette, comme une excellente leçon qu'il n'entendroit fûrement pas de la bouche de fes Poëtes.

Il voulut tout voir, comme il faifoit en toutes chofes, & favoir ce que la poftérité penferoit de fes exploits, de fon Gouvernement, de fa politique, de fa profe, & même de fes vers. Je penfe qu'il auroit appris le vrai jugement de la poftérité ; mais un courtifan habile fur des prétextes adroits, lui tournoit toujours finement la lunette du côté favorable, de forte que tout homme de génie qu'il étoit, il devint en ce moment femblable aux autres Rois.

D'autres exemples feroient fuperflus. Les fouhaits infenfés eurent tous des fuites auffi funeftes, & les hommes furent affez injuftes pour imputer à Xuixoto leurs nouveaux malheurs. Falloit-il encore nous tourmenter par la découverte de l'infortune qui nous menace, s'écrierent-ils de concert ? Que Xuixoto nous préfentât les fcènes agréables de la félicité, à la bonne heure; mais nous offrir le mal qui est suspendu sur nos têtes, c'est vouloir gratuitement remplir notre vie de troubles. Xuixoto n'est qu'un tyran, & s'il nous accorde quelque bien, il l'empoisonne. Xuixoto sourit de pitié sur son trône, & fut insensible à ces nouveaux reproches; il daigna même leur faire une grace qu'ils ne méritoient pas; & pour signaler sa clémence, il reprit aux hommes le don fatal de pouvoir lire dans ces malheureuses lunettes, leurs futures destinées.

SONGE CINQUIEME.

De la Royauté & de la Tyrannie.

JE rêvois que j'étois pauvre, errant, fugitif, déguisé sous de vils habits, manquant d'asyle, & presque de pain. Je traversois tantôt des villes superbes, tantôt des villages ruinés; je ne tendois point une main suppliante, je conservois ma fierté; le pain dont je me nourrissois étoit le fruit de mes travaux, & je le mangeois avec le secret contentement de sentir que je me suffisois à moi-même. Dans cet état d'humiliation & non de bassesse, je méditois sur les devoirs des Souverains, sur les moyens de rendre un peuple heureux. Au sein du malheur, mes pensées étoient plus élevées, plus droites & plus pures. Souffrant, j'appercevois mieux ce que l'homme doit à l'homme; je contemplois le riche, & je disois en moi-même : O malheureux qui fais tant d'infortunés ! de quelle foule de sentimens te prive ta triste opulence ! Chaque jour tu t'endurcis, & moi les larmes que je répands sont chaque jour plus délicieuses ; dévore lâchement la subsistance commune, tandis que l'utile exercice de mes bras affermit la santé de mon corps & celle de mon ame ; si jamais tu es doué du don de sentir, alors tu rougiras en ma présence.

Un soir las, fatigué, j'entrai sous le toit d'un laboureur, où quelques indigens, de mœurs simples & pures, m'offrirent une natte pour y reposer. Je me formois sur ce misérable lit une douce image d'un véritable Roi, rendant ses peuples heureux, maître de lui-même, & chéri de tous ses sujets ; c'est le malheureux qui songe le plus fréquemment au pere de la patrie. Cette aimable chimere me faisoit oublier mes propres maux.

Je partis, après avoir remercié mes hôtes, & le lendemain je me trouvai dans une espece de forêt fort rude à traverser ;

traverser; je m'égarai. J'errois dans le plus chaud du jour, lorsque j'apperçus sur une éminence, quelques chênes pressés qui formoient un petit bois touffu. J'y portai mes pas pour tâcher de découvrir de ce lieu quelque route. J'y vis une femme d'un âge avancé, mais d'une santé ferme & vigoureuse; elle étoit assise sur une colonne rompue; son front couvert de cicatrices, n'en étoit pas moins fier, moins redoutable; quelques cheveux blancs épars flottoient sur ses épaules, & ses rides imprimoient le respect. Je marchai vers elle, & j'allois lui adresser la parole, lorsqu'elle me dit : Je t'attendois, mon fils, toi qui connois le courage, toi qui as combattu l'adversité; ces mains endurcies au travail me plaisent; ce n'est point à des mains efféminées que je dois remettre un pénible emploi; la force de l'ame tient à un corps robuste; tu vois auprès de moi l'héritier d'un vaste Empire; il doit être Souverain d'un riche pays, commander à un peuple docile, vaillant & fidele. Quels piéges pour son orgueil! mais il peut aujourd'hui connoître la vérité, & je lui dois un grand exemple. C'est toi, que les Dieux ont choisi pour le conduire au sommet de cette montagne escarpée que tu découvres d'ici. C'est là qu'un tableau fidele doit se présenter à ses regards. A ton approche, tous les obstacles tomberont, il verra comme il doit régner ; & s'il méprisoit cette leçon vivante.... Mais il ne la méprisera point. A ces mots, je pris le jeune Prince par la main ; il me la tendit de lui-même d'un air doux & affable. L'orgueil ne me fit point accepter ce rude emploi ; mais je me disois : ah ! je puis enfin satisfaire mon goût pour la vertu! je puis montrer la vérité à ce Prince que j'aime ; qui sait si mes paroles ne germeront point dans son cœur, s'il ne les opposera pas un jour au langage empoisonné des courtisans ? Qui sait si je ne pourrai pas sauver mes malheureux compatriotes des horreurs de la misere qui m'environne aujourd'hui? Un seul homme peut opérer le bonheur de vingt millions d'hommes. O touchante perspective! Je fixai tendrement le jeune Prince; sa physionomie étoit noble, intéressante, son front portoit une certaine empreinte de mélancolie douce, qui, à son âge, annonçoit une ame forte, peut-être déjà épouvantée de l'étendue de ses devoirs. Il jetta sur moi un regard de bonté, & me dit: Ami que les Dieux daignent me donner, tu te rends l'interprête du peuple; ah! je dois t'écouter favorablement! Tu soupires? Tu me plains, sans doute, d'être un jour destiné à régner! va, je veux de ce moment rechercher le commerce des sages; je veux puiser dans leurs leçons, la force de commander aux autres & à moi-même, que leur expérience m'instruise. Apprends-moi de bonne heure à mépriser la mollesse, à sévir contre la flatterie, à la reconnoître, quelque déguisée qu'elle soit. Si je me trouve entraîné malgré moi vers cette pente facile & malheureuse, où tombent tant de Souverains, que j'aie le bonheur de trouver un homme ferme & sensible, dont l'ame vraiment libre ose me tirer de mon assoupissement; qu'il produise à mon oreille, l'accent vainqueur de la vérité; qu'il ne craigne point de me déplaire; je chérirai sa franchise.... Prince, lui répondis-je, lorsque vous serez assis sur le trône, il ne sera plus tems d'entendre cette vérité que vous cherchez; elle se voilera sous le vêtement de l'éloquence même; elle ne sera plus qu'un vain son, qu'un inutile appareil.... Profitez des momens que les Dieux vous accordent, & songez qu'ils ne reviendront jamais : qu'est-ce que ma foible voix? Eh! lorsque vous percez les flots d'un peuple, attentif à lire sur votre visage quelques indices de ses futures destinées, considérez les regards avides qui fondent sur vous de toute part ; ils vous parlent hautement, ils vous parlent éloquemment ; ils vous crient : ô toi, qui seras dépositaire de notre bonheur, ah ! daigne étudier tes devoirs pour les remplir un jour. En ce moment, l'homme vertueux vous fixe, & voudroit faire passer dans votre ame, le feu généreux qui l'anime. L'homme instruit voudroit vous donner toutes ses connoissances, le Philosophe sa modération & ses lumieres, le sage son héroïsme & la simplicité de ses mœurs, & le malheureux dit tout bas ; ô ciel ! donne-lui mon cœur, & l'heureuse facilité de répandre des larmes. Sentez de bonne heure le prix de ces regards : écoutez cette voix tonnante de la multitude ; elle doit augmenter dans tout cœur bien né, l'amour de la gloire & la crainte de la honte.

Le jeune Prince me serra la main sans me répondre. Nous marchâmes quelque tems, & nous nous trouvâmes au haut d'une montagne élevée ;

d'un côté elle étoit bordée de précipices affreux, & fous nos pieds un fleuve mugiffant fe perdoit avec un bruit horrible dans un abyme ouvert, & retentiffant au loin d'un fracas formidable.

Cette montagne portoit fon front dans la nue, de forte qu'en la confidérant d'en bas, on n'y diftinguoit qu'un fommet; mais du même pied s'élevoit une double cime, dont l'une étoit féparée de l'autre par une fort grande diftance. D'un côté étoit le féjour de la Royauté, de l'autre celui de la Tyrannie. Chacune de ces cimes avoit un fentier par lequel on y montoit; l'un étoit fûr, fans péril; les acclamations du peuple accompagnoient les pas de ceux que le ciel avoit choifis pour le franchir. L'autre étoit pénible, difficile, fanglant; l'audace, l'imprudence, fource des plus affreux revers, étoient les feuls guides des ambitieux qui, pour leur malheur, ofoient y mettre un pied téméraire.

Ces deux cimes paroiſſoient réunies à l'œil qui ne les contemploit que de loin, mais de près, la différence ſe faiſoit ſentir, elles paroiſſoient extrêmement éloignées. Celle de la Royauté s'élevoit dans un air pur, au-deſſus des nuées, des orages & des tempêtes. L'autre ſe trouvoit dans la région des tonnerres, plongée entierement dans l'épaiſſeur de nuages ténébreux que perçoient les feux terribles de la foudre.

Je dis au jeune Prince que je conduiſois par la main : le ciel permet que vous apperceviez des différences cachées aux Monarques imprudens; approchez, voyez cette femme d'une taille majeſtueuſe & d'une figure charmante, aſſiſe ſur ce trône éclatant, vêtue d'une robe blanche, ſon ſceptre eſt un caducée de paix ; de même que le ſoleil vivifie la terre, ainſi ſes regards protégent les Empires, y portent la félicité & l'abondance ; elle eſt adorée des gens de bien, elle leur inſpire la confiance, & les méchans sont les seuls qui la haïssent.

A sa vûe, le respect fit rougir le jeune Prince. Il lui rendit ses hommages, tels qu'un fils bien né les doit à une mere vénérable ; elle étoit pleine de graces & de majesté ; son air étoit toujours le même, & son visage ne changeoit jamais. La colere ou la vengeance n'en défiguroient point les traits sacrés ; son régne étoit celui du siécle d'or, & la clémence étoit sa vertu distinctive ; elle étoit satisfaite d'occuper un trône, parce que c'étoit la plus belle place dans l'univers, pour faire le plus de bien possible. Elle aimoit les ames libres, aussi avoit-elle des héros pour sujets. L'honneur, le mérite, la vertu, tels étoient ses courtisans. Près d'elle on voyoit la gloire & le repos ; le fort lion reposoit à ses pieds ; des monceaux d'or & d'argent environnoient son trône ; la Déesse en formoit un fleuve d'un cours libre, qui, également distribué, arrosoit les parties les plus éloignées de son Royaume; mais elle étoit moins touchée de ces métaux, que des beaux fruits de la terre, qu'elle cueilloit avec une joie ouverte; elle les considéroit comme les seules & véritables richesses; & tandis que les monumens pompeux des arts s'offroient en foule à ses regards, elle les arrêtoit avec bien plus de complaisance sur un citoyen qui, appuyé sur le soc de la charrue, traçoit dans les champs un sillon fertile. Ses sujets formoient un rempart impénétrable autour de sa personne, & les armées ennemies fuyoient devant eux comme les corbeaux fuyent devant le Roi des airs.

Le jeune Prince s'inclina une seconde fois devant ce trône respecté, baisa cette main auguste qui tenoit les rênes de l'Empire, enchaînoit la discorde & la licence, captivoit les monstres de l'univers, pour ne laisser régner que les vertus bienfaisantes. Il me demanda ensuite, quelles étoient les femmes dont la Royauté étoit entourée. Quelles sont belles! s'écria-t-il, quelles ont de douceur & de noblesse! Celle qui est assise à droite, lui dis-je, dont le regard annonce tant de candeur & de fermeté, c'est la Justice. Voyez avec quel zele & quelle promptitude elle secourt cet homme foible, contre les attentats de cet homme robuste! voyez comme elle punit ce dernier sans courroux & sans haine! Considérez à ses côtés cette femme si galamment vêtue, à l'air ouvert, au sourire gracieux, c'est la Paix, l'aimable Paix: assise sur un faisceau de lances brisées, elle présente un miroir à la Fureur sanglante, qui frémit en contemplant ses propres traits. Plus loin, cet homme dont les bras sont si nerveux, dont le corps paroît plein de force & de courage, qui porte des cheveux blancs, s'appelle Nomos; tout ploye sous son sceptre, grand & petit, riche & pauvre. Inflexible en son équité, il traîne au supplice ce satrape exacteur ; il fait tomber cette tête odieuse qui n'avoit roulé que des projets sanguinaires ; il veille sans cesse, & son œil ne peut se fermer, qu'aussi-tôt la confusion & le trouble ne prennent la place de l'ordre & de l'harmonie. C'est le seul Ministre de la Royauté, elle ne peut en avoir de plus fidele ; c'est le seul conseil qu'elle écoute, elle ne peut en écouter de plus sage : la Déesse éclairée s'appuye sur son bras, & n'ose rien entreprendre ni rien résoudre sans lui. Ses oreilles s'ouvrent à la plainte ; elle considere moins l'éclat du rang, que l'importance du dépôt, & sa couronne n'a de majesté, qu'autant qu'elle sert au bien de l'État.

Le jeune Prince contemploit toutes ces choses avec la plus grande attention. Je le laissai se remplir de ce spectacle utile, content de voir qu'il imprimoit avec plaisir dans sa mémoire, ce qui pourroit servir un jour à la félicité d'un peuple entier.

Au fort de ses réflexions, je le saisis précipitamment par le bras; descendons, lui dis je; venez voir cette autre Deesse, pour laquelle tant d'hommes sont si follement passionnés, qu'ils commettent mille forfaits sans remords, qu'ils s'égorgent misérablement les uns les autres, qu'ils se dressent toutes sortes de piéges, les fils contre leurs peres, les peres contre leurs enfans, les freres contre leurs freres. Insensés! ils desirent comme un bonheur, le plus grand des maux, ce pouvoir arbitraire, source de tous les égaremens & de tous les malheurs.

D'abord le chemin nous parut bien ouvert, mais à mesure qu'on avançoit, les abymes s'ouvroient à nos côtés; nous nous engageâmes dans des routes tortueuses, qui toutes aboutissoient à d'affreux précipices; les ronces & les épines retardoient notre marche. Bientôt les sentiers se montrerent arrosés de sang & couverts d'hommes égorgés; le jeune Prince voulut reculer; jamais, dit-il, je ne passerai par ce chemin horrible; mon cœur se souleve.... Les Dieux le veulent, lui répondis-je, vous n'y passerez que pour le contempler; & l'émotion terrible & salutaire qu'il vous causera, vous sera à jamais utile. Nous parvinmes au sommet: nous trouvâmes la Tyrannie assise sur un trône qu'elle avoit affecté ridiculement d'exhausser. Elle composoit son visage & son geste, & faisoit tous ses efforts pour ressembler à la Royauté. Elle s'imaginoit que son diadême étoit plus riche & plus respectable, parce qu'il étoit surchargé d'or, de diamans, & peint de mille couleurs; elle croyoit son trône superbement affermi sur des colonnes de marbre & d'ivoire; mais sa base peu solide étoit mobile & chancelante; elle s'enorgueillissoit puérilement de sa pourpre, de son sceptre, de sa couronne; elle ne voyoit que cet appareil extérieur qui enfloit son cœur, comme un enfant qui étant paré s'estime plus grand.

Tout ressentoit autour d'elle l'orgueil, l'ostentation, la mollesse, la prodigalité, le luxe insolent. Elle tenoit un faisceau de sceptres, mais avec un effort qui lui donnoit un air de gêne & de contrainte ridicule. Elle voulut nous sourire gracieusement, mais son sourire forcé nous découvrit son ame fausse, petite & cruelle; son geste n'avoit rien de noble; tout en elle, malgré ses fastueux habillemens, annonçoit quelque chose de bas; la terreur se peignoit dans son regard effaré. Elle ne faisoit rien avec assurance, rien avec dignité; elle affectoit de traiter avec hauteur & mépris ceux qui l'approchoient, croyant que tel étoit le caractere de la grandeur; mais elle se rendoit encore plus odieuse que redoutable.

Nous la considérâmes long-tems; elle ne restoit pas un moment tranquillement assise. Tantôt elle se levoit le front pâle, & croyant déjà sentir le fer vengeur pénétrer dans son sein; tantôt ses yeux étinceloient d'une rage secrette, & elle frémissoit elle-même des crimes qu'elle alloit ordonner. Elle accumuloit bassement l'or dans son sein, puis le répandoit avec profusion sur les plus viles créatures, complices & ministres de ses attentats. Le lendemain, elle se précipitoit en brigand, sur une troupe indigente, elle extorquoit la vile monnoie qu'elle portoit, l'enlevant sans remords, quelque mince que fût la somme.

Sa cour étoit celle des furies. Nous vîmes la Cruauté, la Violence, l'Injustice & le Fanatisme secouant sa torche ardente. Ce dernier la favorisoit pour augmenter sa propre autorité, & cette autorité une fois établie, il menaçoit la Tyrannie elle-même, & lui disputoit le sang des peuples. Toute cette troupe conjurée contre elle, en le déchirant de leurs mains impies, cherchoit à lui faire sentir tous les maux dont elle devoit être la victime. La Crainte, l'Inquiétude, la Défiance, la Fureur, écartoient de ses yeux les pavots du sommeil ; elle sacrifioit ses esclaves à son odieuse famille, les finances à ses fantaisies frivoles, l'État & sa Cour à sa seule personne. Une tête de Meduse couvroit la poitrine ; toujours terrible & menaçante, elle se jugeoit toujours en péril ; la moindre association la faisoit trembler, & dès que deux citoyens se parloient à l'oreille, elle les divisoit pour affermir la servitude des hommes. La Flatterie toujours debout lui parloit à l'oreille, & lui insinuoit son poison actif. Plus il éroit grossier & fade, plus il paroissoit fait pour plaire à cette vile Déesse. J'apperçus Machiavel caché derriere son trône, qui lui disoit tout bas en se promenant, fais semblant de me combattre, mais pour mieux me faire régner.

Elle frappoit des coups redoublés sur une multitude enchaînée & gémissante. Ces malheureux se débattoient, étant toujours sur le point de trancher leurs liens avec le fer. Les malédictions étoient l'encens qu'on lui offroit; elle lisoit dans les regards menaçans de ces cœurs désespérés, le destin qui, tôt ou tard, l'attendoit; elle en versoit des larmes de rage, mais du moins cette foule accablée jouissoit de l'effroi qu'elle lui inspiroit.

Prince, m'écriai-je! voyez laquelle des deux Déesses vous semble préférable. Ah! la premiere, me répondit-il, me charme & m'enchante! elle attire avec complaisance le regard des Dieux; elle mérite les hommages des mortels; mais celle-ci me fait horreur, & sa scélératesse m'inspire une indignation si forte, que si votre bras veut seconder mes foibles mains, nous allons la précipiter du haut de ce rocher.... O noble transport! vertueux héroïsme! Prince! attendez encore, attendez, & la justice des Dieux ne tardera pas à se manifester. Hélas! quelquefois la vertu nous égare. Nous voulons précipiter ce que le ciel conduit avec une sage lenteur; il fait descendre la Tyrannie sur la terre pour en châtier les crimes. Mais il n'est plus d'Hercule, à qui l'Empire de l'univers soit confié. Ce demi-Dieu, protecteur du genre humain, parcouroit le globe, non pour y exterminer des animaux cruels (car la férocité des lions, des tigres, des pantheres, des hyennes, n'est rien auprès de l'exécrable abus du pouvoir) mais il voyageoit pour terrasser les tyrans assis sur les trônes, pour frapper ces monstres couronnés, qui corrompent les doux bienfaits de la Nature, qui font gémir des milliers d'hommes sous la voûte éclatante du firmament, au milieu des trésors de la terre, & parmi les miracles de la création. Partout où il trouva la Royauté, il l'honora, il la combla de louanges, il apprit aux hommes à la chérir, comme la protectrice aimable & souveraine des États, comme la rémunératrice de la vertu, comme l'effroi du crime. C'eſt par-là qu'Alcide mérita les reſpects du monde entier ; c'eſt par-là qu'il eſt digne de ſervir de modele à celui que le ciel favoriſera du bonheur de pouvoir l'imiter. Après l'Etre ſuprême, c'eſt lui, Prince, qui jouira de notre amour & de notre reconnoiſſance.

En deſcendant, je fis remarquer au jeune héros que la côte de la montagne où étoit aſſiſe la pâle Tyrannie étoit eſcarpée tout autour, & creuſée en deſſous, juſques ſous le trône. Tout à coup nous entendîmes de grands cris, & nous vîmes cette partie peu à peu s'ébranler, ſe détacher, & fondre avec un bruit horrible dans les abymes qui l'environnoient, comme un rocher énorme élevé ſur l'océan, tombe & perce en un clin d'œil la vaſte profondeur des mers. La Tyrannie & ſes filles abominables furent écraſées dans cette chûte ſoudaine & rapide. Mille acclamations d'allégreſſe & de joie élancées vers les cieux, annoncerent la délivrance de la terre.

Cette route nous avoit beaucoup fatigué. Le jeune Prince me dit : mon estomac est à jeun ; je voudrois pouvoir appaiser ma faim ; je ne vois que des rochers. Je lui montrai quelques cabanes lointaines : marchons, lui dis-je, de ce côté, nous pourrons y trouver ce que nous desirons. La Déesse m'avoit fait ma leçon, & j'avois mes vûes. Je fis entrer le Prince dans la premiere cabane qui se présenta. Il apperçut trois enfans en bas âge & demi nuds, qui suçoient à l'envi l'un de l'autre une pomme sauvage. Avez-vous du pain à nous donner, leur demandai-je ? Pour toute réponse, ces enfans répandirent des larmes. Eh quoi ! poursuivit le Prince étonné, interdit, effrayé, point de pain ici ! d'où vient cette affreuse misere ? Alors, une voix languissante sortit du fond ténébreux de cette chaumiere, & dit : nous savons bien labourer la terre, en faire sortir les moiſſons ; nous ſavons ſupporter les travaux les plus rudes qui renaiſſent avec chaque ſoleil ; nous entaſſons le bled dans les greniers publics, mais nous ne mangeons point de pain ; ou ſi nous en mangeons, il eſt noir, mal pétri & formé de cette partie groſſiere qu'on deſtine aux plus vils animaux. Eh quoi ! dit le jeune Prince, ces campagnes ſont abondamment fertiles, le courroux du ciel n'eſt point deſcendu ſur la terre, aucun orage deſtructeur n'a renverſé les épics nourriciers ; je vois des pyramides de bled répandues dans ces vaſtes plaines.... Des hommes, reprit la voix gémiſſante, plus cruels que l'intempérie des ſaiſons, nous voyent le front pâle, les membres exténués, ſans ſonger à nos beſoins, & ils nous parlent encore de leurs beſoins imaginaires, enfans de leur dure & miſérable vanité. Plus nous ſommes malheureux, plus nous ſommes loin d'eux ; ils ne redoutent ni les accès de notre déſeſpoir, ni l'inſtant du trépas qui finira nos peines & nos services, bien sûrs de retrouver dans la foule nombreuse des indigens, beaucoup plus d'esclaves qu'ils n'en sauroient perdre ; c'est à force de nous surcharger de travaux, & de diminuer notre nourriture, que ces grands composent leur opulence dont ils jouissent sans remords, & qu'ils consument dans une amere dérision sur notre état. O ciel! s'écria le jeune Prince en pleurant, & il se jetta dans mes bras : Où m'as-tu conduit ; sans doute, c'est parmi les malfaiteurs qui expient les crimes faits contre la société ; non, ce ne peut être ici que le séjour des criminels... Ils ne sont point coupables, repris-je ; mais l'indigence est regardée du même œil que le crime. Que dis-je ! c'est pis encore. Voyez cette chaumiere, ouverte à tous les vents, ces vils meubles échappés à des mains barbares, ce triste foyer où fument quelques feuilles desséchées; approchez, & touchez de vos mains cette paille humide & à demi pourrie...? Vous friſſonnez. Là repoſe une mere qui a nourri de ſon lait ces mêmes enfans qui un jour verſeront tout leur ſang pour vous.... Arrête, je t'entends, s'écria le jeune Prince, en ſe cachant le viſage des deux mains. O ciel ! accorde-moi les moyens de réparer d'auſſi funeſtes déſaſtres. Le ciel, repris-je, favoriſe les deſſeins généreux ; il affermit la vertu, il lui prête une force victorieuſe ; & le Monarque qui poſſede les qualités d'un Souverain, eſt preſque aſſuré de voir ſes projets heureuſement couronnés. Un jour, vous ſerez aſſis ſur le trône ; on vous fatiguera les oreilles de mille maximes politiques ; ſouvenez-vous alors que vous avez eu faim, & que vous avez trouvé des malheureux hors d'état de vous préſenter de quoi l'appaiſer. Etabliſſez l'impôt ſur le luxe, & non ſur les beſoins de la vie ; qu'il frappe directement la tête dure du riche, & non la tête ſenſible du pauvre ; que votre objet foit de faire jouir chaque particulier de la richeffe de l'État, & que cette richeffe ne foit point affife fur la mifere commune. Les moyens s'offrent en foule ; la gloire, la grandeur, la puiffance d'un Royaume, vains mots qui difparoiffent auprès des noms facrés de liberté, d'aifance, de bonheur des fujets. La duplicité cherchera des raifons fpécieufes pour plâtrer la vérité ; elle eft ici ; elle vous parle entre cette femme mourante & ces innocens qui languiffent. Que cette image auffi forte qu'elle eft vraie ne forte jamais de votre mémoire ; oppofez-là fans ceffe à ces détours fubtils & recherchés, qui ne font que l'invention du fourbe & celle du méchant. Dites en voyant une table faftueufe ; il eft des hommes qui fouffrent la faim ; dites avant de repofer votre tête fur le duvet, il eft des hommes qui n'ont que la terre pour lit, & ces hommes m'ont rendu dépofitaire de leur bonheur. Alors, le trait actif & pur

de

de ce sentiment généreux qui naît dans les grands cœurs, embrasera votre ame toute entiere ; alors la félicité des peuples coulera de votre bouche, avec vos paroles vivifiantes ; & vous sentirez la joie de relever une famille obscure qui vit à trois cens lieues de vous, qui ne vous a jamais vu, & qui vous bénira comme elle bénit l'Etre suprême, sur les seuls témoignages de sa bienfaisance. Songez que vous serez un grand Roi, & que vous en aurez accompli tous les devoirs, lorsque votre œil aura percé sous le chaume obscur, où vit l'homme laborieux, & que vous aurez répandu autour de lui la subsistance qui lui est bien dûe, après avoir assuré celle de vos sujets. Cent batailles gagnées, tous les monumens pompeux des arts, toutes les productions du génie, ne vaudront pas aux yeux de Dieu & des hommes, cette gloire facile, simple & pure. Voilà la gloire véritable, & toute autre est fausse, illusoire & passagere.

Que vous dirai-je de plus ? l'État est une chaîne immense dont vous formez le premier anneau; si vous ne voulez pas qu'elle soit rompue, que votre anneau soit uni fortement au dernier; alors nulle puissance ne pourra briser cette étroite alliance; elle triomphera même du tems, parce que les générations qui succéderont à la génération présente, hériteront de son amour, de son respect, & de son dévouement, seuls gages de votre félicité : une égale & mutuelle confiance du Souverain & du peuple, telle est la base éternelle des Empires.

J'achevois ces mots, lorsqu'une ombre perça la terre, & parut devant nous. Cette ombre étoit voilée; mais elle portoit un diadême. Elle dit à ce jeune héros d'un ton majestueux, & qui n'avoit rien d'effrayant : O vous ! qui devez occuper le trône que j'ai occupé, écoutez les avis d'un Monarque & d'un pere. J'avois de la fermeté dans le caractere, de la hauteur dans l'esprit, de la grandeur dans les projets; j'étois naturellement fier, passionné pour la gloire, mais je n'en avois point des idées parfaitement justes; j'ai pris pour la gloire ce qui n'en étoit que le fantôme; j'ai travaillé pour la splendeur de la Nation; je l'ai reconnu trop tard; j'ai moins fait pour son bonheur. Que n'ai-je préféré l'utilité? Cette ambition qui séduit tous les Rois, m'a aveuglé. Il me manquoit ces principes de gouvernement, que l'orgueil n'a jamais trouvés, & qui ne se découvrent qu'à ceux qui ne sont point nés pour le trône. Que ne suis-je né, du moins, dans le siécle éclairé où vous devez régner! je n'aurois eu qu'à appliquer au système du gouvernement, ces principes féconds, tous détaillés, tous présentés avec cet éclat que ne soupçonnoit pas même le siécle où je vivois: j'aurois moins erré sur le choix des moyens; j'aurois donné moins d'attention à ce qui ne méritoit que le mépris; j'aurois senti ma force véritable. Je l'ai ignorée, & cependant j'ai été long-tems vainqueur & redoutable. Les revers m'ont appris ce que les hommes m'avoient caché ; j'ai découvert dans l'adversité, ce que soixante années n'avoient pû m'apprendre. J'ai vu qu'il falloit au trône une base raisonnée; il étoit trop tard; la mort vint déchirer mon diadême. Si les Dieux renouoient le fil de mes jours, au lieu de porter le nom de grand, j'ambitionnerois celui de sage; je connoîtrois qu'il est un art de régner, que cette étude profonde ne se puise point dans les Cours, mais dans les pensées des hommes qui aiment le genre humain, & qui ont plaidé sa cause à la face de l'univers. Vous devez être un jour à la tête du plus heureux gouvernement; vous aurez à conduire un peuple actif & docile, quelquefois fier, jamais intraitable, brave, fidele, toujours bon, adorant ses Rois, même avant de les connoître ; c'est à vos regards à féconder ses talens

& ses vertus. Un coup d'œil du maître suffira pour les enflammer d'un feu nouveau; vous n'aurez qu'à vouloir, & vous remuerez tous les cœurs... Le jeune Prince s'inclina pour embrasser cette ombre sacrée ; mais aussi-tôt elle rentra dans le sein de la terre. Tout ému, il se rejetta dans mes bras en me fixant, comme pour recevoir quelque consolation du fardeau immense déposé entre ses mains. Je lui dis; Prince, l'histoire fidelle de ce grand Roi bien méditée, est un phare lumineux pour tous ses successeurs ; ses fautes sont éloquentes. Que puis-je y ajouter? vous êtes dans un champ où la raison a fait croître de grandes vérités; les grandes vérités une fois connues, excitent dans les cœurs bien nés, une certaine chaleur mêlée d'admiration & d'amour. En les adoptant, vous aurez préparé à la législation, la route la plus sûre & la plus facile. Qui est-ce qui parle avec force au peuple? Qui est-ce qui le fait obéir?

Qui lui rend la soumission chere & lui en fait un devoir sacré ? Qui l'oblige à faire sans effort les sacrifices les plus rares ? c'est la raison d'état ; c'est elle qui parle & qui persuade. Voilà le maître absolu qui doit monter sur la tribune ; chaque citoyen saisira pour lors avec avidité ce qui sera relatif aux intérêts de la patrie, & les esprits seront éclairés, les cœurs puissamment remués, & les volontés entraînées par une puissance d'autant plus forte, qu'elle n'aura rien d'arbitraire.

Consultez cette volonté générale ; faites sentir moins votre pouvoir que celui de la loi. Les lumieres sont généralement répandues, & vous devez vous en féliciter. Rien de si facile à gouverner bien, qu'un peuple qui pense ; il a des principes, il connoît ses devoirs, il est une barriere qu'il ne rompt jamais. Vous êtes maître d'exalter en lui le sentiment vif de l'honneur, & de le porter aux plus grandes choses ; pour cet effet, que vos regards diſtinguent les talens avant les richeſſes, les vertus avant la naiſſance, le commerce & l'induſtrie avant les arts frivoles. Reſpectez dans chaque citoyen le courage, l'intégrité, & cet enthouſiaſme que lui inſpire l'amour du bien public; qu'aucun état ne ſoit avili, afin que chaque homme ſoit content. Vous n'aurez gueres de triſtes préjugés à combattre, vous êtes dans un tems où vous pourrez oſer ſans porter de préjudice à la vaſte machine de l'État. Le ſiécle a cette maturité, où, pour cueillir, on n'a beſoin que de porter la main au fruit. Votre raiſon ſe joignant à la raiſon publique, aura ſur tout une force extraordinaire. Des tyrans ont adopté cette maxime : *diviſe pour régner*; adoptez celle-ci plus juſte & plus vraie; annobliſſez vos ſujets, pour qu'ils vous aiment davantage, & que vous ſoyez plus fort par eux.

Chériſſez des hommes qui vous ont confié leurs deſtinées; regardez-les comme les témoins de vos vertus, les organes de votre renommée. Vous avez tous les biens; le dernier, & le plus précieux de tous, vous reste à acquérir, c'est la gloire; mais cette gloire solide n'est point dans les armes; elle est dans l'ineffable plaisir de faire le bien, de rétablir l'harmonie entre les êtres nés pour elle, & de jetter ensuite un œil satisfait sur l'ouvrage de vos bienfaits.

Voyez les Rois conquérans appauvrir leurs États, & reconnoître trop tard leur folie; la supériorité des lumieres l'emporte sur l'excès du courage, & la probité est le lien le plus solide & le plus honorable pour enchaîner la fortune. Ah! si jamais la liberté d'oser dire la vérité reparoît sur la terre, quelles expressions inventera un esprit vrai & hardi pour peindre assez vivement le tableau des horreurs que la guerre consacre! La politique proscrit ce fléau autant que l'humanité & que la raison. Les Rois dans la guerre perdent de leur force réelle; leurs passions ne sont plus à eux, elles passent entre les mains de leurs Ministres. Ils font naître, ils entretiennent ces débats cruels, toujours utiles à leurs intérêts personnels, & les prétextes ne leur manquent jamais. C'est lorsqu'ils ont armés les États par leur politique inquiette & intrigante, que la Puissance suprême passe en entier dans leurs mains. Dans la paix tous les ordres de l'État étant à leur place, ils ne peuvent exciter certains désordres au milieu du calme & de la tranquillité générale, sans que l'œil attentif du Prince ne puisse juger d'où part le trouble; en tems de guerre, les Monarques sont moins Rois : un Ministre s'est rendu nécessaire lorsque l'État est, où paroît, en danger. Quelquefois, il ne tarde pas à devenir dangereux; une foule de créatures rampe sous ses ordres, parce que dans ces tems orageux, il dispose à son gré des finances. La noblesse, qui ne veut faire d'autre métier que celui de la guerre, vient solliciter avidement le difpenfateur des honneurs & des diftinctions; il en acquiert plus d'autorité; il allume les paffions de ceux qui lui ont vendu leurs fuffrages; & ces paffions, dont l'origine eft quelquefois fi baffe, ont une plus grande activité que les paffions les plus nobles.

Le génie de chaque fiécle dans tous les tems a maîtrifé jufqu'aux Souverains. Prince! connoiffez le vôtre; cette étude eft importante. Les opinions dominantes deviennent une forte de loi; ce torrent a un cours iréfiftible. Votre gloire, votre puiffance, votre bonheur, font attachés à la liberté, à l'aifance de vos peuples; vous ne pourrez faire un pas qu'auffi-tôt, une voix fage & judicieufe ne vous rende juftice. C'eft à la lumiere qui brille à conduire la régle qui dirige. Il eft deux maîtres de l'univers, le pouvoir & le génie; vous tenez le premier dans vos mains, l'autre fe préfente à vos regards avec tour fon éclat. Il ne faut que le reconnoître & lui tendre la main pour le faire asseoir à vos côtés *. Ayez ce despotisme vertueux qui agit avec fierté, & sans reculer d'un pas, lorsqu'il s'agit des intérêts de l'humanité, qu'il faut souvent servir malgré elle. Je ne vous parle point de récompense, il n'en est point d'assez digne sur la terre pour l'homme qui fait le bonheur des hommes.

Le jeune Prince ému fit serment entre mes mains d'être juste, modéré, de chérir les hommes, de respecter leurs droits, de travailler à leur bonheur. Je m'éveillai; tout ce que j'avois vu n'étoit qu'un songe.

---

* *Nota*. Nous jouissons aujourd'hui des heureux fruits des méditations des sages; les principes d'humanité sont gravés dans le cœur des Rois que le ciel a placés sur les trônes.

SONGE SIXIEME.

D'un Monde heureux.

ENLEVÉ dans les airs sur un char attelé de deux aigles superbes, je croyois traverser les plaines éthérées avec la rapidité d'une fleche qui part d'un arc tendu par un bras souple & nerveux. Mille mondes enflamés rouloient sous mes pieds, mais je ne pouvois jetter qu'un regard rapide sur tant de globes variés, tous comblés des bienfaits du Créateur. Poussé par une main puissante & invisible, je parcourois les effrayantes profondeurs de l'univers, & chaque instant m'offroit un spectacle intéressant & nouveau. Là, des terres d'où partoient des chants d'allégresse; ici des globes où j'entendois des soupirs & des vœux; plus loin un mélange de tristesse & de joie. O diversité prodigieuſe! ô étonnante fécondité! En vain je voulois rallentir un vol ſi précipité, il ne m'étoit pas permis d'appercevoir en détail ces mondes curieux. Je n'obſervois que les couleurs frappantes qui les diverſifioient à l'infini. Tout à coup j'apperçus une terre ſi belle, ſi floriſſante, ſi féconde, que je ſentis un vif deſir d'y deſcendre. A l'inſtant mes ſouhaits furent exaucés; je me ſentis porté doucement ſur ſa ſurface; je traverſai ſon atmoſphere embaumé, & à la renaiſſance de l'aurore, je me trouvai aſſis ſur un ſiége de gazon.

Je me leve, & je me crois tranſporté dans le jardin d'Eden. Tout inſpiroit à l'ame une douce tranquillité, dans ce ſéjour de paix: la Nature y étoit raviſſante & incorruptible; une fraîcheur délicieuſe tenoit mes ſens ouverts à la joie; une odeur ſuave couloit dans mon ſang avec l'air que je reſpirois; mon cœur qui treſſailloit avec une force inaccoutumée, entroit dans une mer de délices; & le plaiſir, comme une lumiere immortelle & pure, éclairoit mon ame dans toute fa profondeur.

Les habitans de ce féjour heureux s'avancerent au-devant de moi; après m'avoir falué, ils me prirent par la main; leur phyfionomie noble infpiroit le refpect; la tête de plufieurs d'entre eux étoit couverte de cheveux d'une blancheur éclatante. L'innocence & le bonheur fe peignoient dans leurs regards; la vertu brilloit dans leurs difcours élevés; ils étoient fages & bons, à l'imitation de l'Etre fuprême; ils levoient fouvent les yeux vers le Ciel, & à fa vûe, des larmes d'amour & d'attendriffement inondoient leur paupiere. Je me fentis tout ému en converfant avec ces hommes fublimes; leurs cœurs s'épanchoient tendrement par les témoignages de l'amitié la plus fincere; la voix de la raifon, voix majeftueufe, attendriffante, fe faifoit entendre à mon oreille charmée. Je reconnus bientôt qu'une telle demeure n'étoit point faite pour de vulgaires mortels. Une force divine me fit voler dans leurs bras, & pressé sur le sein qui renfermoit des cœurs aussi nobles, je connus un avant-goût de l'amitié céleste, de cette amitié qui unissoit leurs ames, & qui composoit la plus belle portion de leur félicité.

Jamais l'ange des ténèbres avec toutes ses ruses, n'a découvert l'entrée de ce Monde; malgré sa malice vigilante & profonde, il n'a pû dérober au Créateur, ce globe fortuné. La colere, l'envie, & l'orgueil y sont inconnus. Ce peuple, semblable à une paisible famille, où le bonheur de l'un fait le bonheur de tous, jouissoit en paix des dons du Ciel, & ne se disputoit que le soin de le bénir; un transport extatique élevoit sans cesse leurs ames à la vûe de cette main prodigue & magnifique qui rassembla sur leurs têtes les plus merveilleux prodiges de la création.

L'aimable matinée, de ses aîles humides & dorées, distiloit les perles de la rosée de dessus les arbustes & les fleurs ; & les rayons d'un soleil naissant, multiplioit les couleurs les plus vives, lorsque je découvris un bois que remplissoit une douce clarté. En m'y enfonçant, je crus entrer dans une mer de parfums ; j'y vis des jeunes gens de l'un & de l'autre sexe ; ils ne se livroient point aux voluptés terrestres, mais les bras étendus vers le firmament, plongés dans une contemplation douce & tranquille, ils se remplissoient de la grandeur & de la majesté du Dieu qui rouloit presque visiblement sur leur tête ; car, dans ce Monde innocent, il daignoit se manifester par des traits de grandeur inconnus à nos foibles yeux. Tout annonçoit son auguste présence ; la sérénité de l'air, le coloris des fleurs, l'insecte brillant, je ne sais quelle sensibilité universelle répandue dans tous les êtres, & qui vivifioit les corps qui en paroissoient le moins susceptibles ; tout donnoit des marques de sentiment, & l'accent du plaisir qui résonnoit le long des ruisseaux & des bocages, sembloit sourdre encore des rochers les plus durs.

Mais quel pinceau exprimera le front ravissant des jeunes beautés, dont le sein respiroit l'amour ! & qui peindra cet amour dont nous n'avons point l'idée ; cet amour qui n'a point de nom ici-bas ; cet amour, partage des pures intelligences, amour divin qu'elles seules peuvent concevoir & définir ! La langue de l'homme se trouve impuissante & muette ; & le seul souvenir de ces beaux lieux suspend en ce moment toutes les facultés de mon ame.

Le soleil se levoit ; le pinceau me tombe des mains ; ô Tompson, tu n'as point vu ce soleil ! disons seulement que chaque particule d'air richement colorée devenoit mélodieuse sous le ramage des oiseaux ; que le cedre en agitant sa cime superbe, que le papillon en étendant ses aîles bigarrées, offroient une scène où l'harmonie se faisoit sentir jusques dans ses moindres parties. O quel Monde & quelle magnifique ordonnance! Je foulois comme à regret les plantes fleuries, douées, comme notre sensitive, d'un sentiment vif & prompt; elles s'affaissoient, pour se relever sous mes pas plus brillantes & plus belles. Le fruit se détachoit mollement de la branche complaisante; à peine il humectoit le palais, qu'on en sentoit le suc délicieux couler dans ses veines. Alors, l'œil plus perçant étinceloit d'un feu plus vif; l'oreille étoit plus gaie, le cœur qui s'épanouissoit sur toute la Nature, sembloit posséder & jouir de sa brillante & féconde étendue : le plaisir universel ne causoit le tourment de personne; l'union multiplioit les délices, & l'on s'estimoit moins heureux par son propre bonheur que par celui des autres.

Ce soleil ne ressembloit point à la lueur pâle & foible qui éclaire notre prison ténébreuse; on pouvoit le fixer sans baisser la paupiere; l'œil se plon-

geoit avec une forte de volupté dans
fa lumiere douce & pure; elle ré-
créoit à la fois la vûe & l'entendement; elle paſſoit juſqu'à l'ame; les
corps de ces hommes fortunés en devenoient comme tranſparens; chacun liſoit alors dans le cœur de ſon
frere, les ſentimens de douceur & de
tendreſſe, dont lui-même étoit affecté; de toutes les feuilles des arbriſ-
ſeaux que cet aſtre éclairoit, s'élan-
çoient au loin des gerbes de matiere
lumineuſe, où ſe peignoient toutes
les couleurs de l'iris; ſon front qui
ne s'éclipſoit jamais, étoit couronné
de rayons étincelans, que le priſme
audacieux de notre Neuton n'auroit
pû décompoſer. Lorſque cet aſtre
ſe couchoit, ſix lunes brillantes, &
non inégales, flottoient dans l'atmoſphere; leur marche, diverſement
combinée, formoit chaque nuit un
ſpectacle nouveau. Cette multitude
d'étoiles qui nous paroiſſent jettées au
hazard, ſe découvroient ſous leur
vrai point de vûe, & l'ordre écla-

tant de l'univers se montroit-là dans toute sa pompe.

Quand sur cette terre heureuse, l'homme s'abandonnoit au sommeil, son corps qui ne participoit presque en rien aux élémens terrestres, n'opposoit aucune barriere à l'ame; elle contemploit dans un songe qui tenoit de la vérité la région lumineuse, trône de l'Éternel, où bientôt elle devoit s'élever; l'homme sortoit de ce sommeil léger sans trouble & sans inquiétude. Jouissant de l'avenir par le sentiment intime de l'immortalité, il ne jettoit point sur le passé, le sombre regard du remords; souvent il tomboit à genoux pour remercier le Dieu de bonté du bonheur présent qu'il savouroit, tandis qu'il s'ennivroit de l'image d'une félicité future avec un transport plus vif encore.

La douleur, ce résultat funeste de la sensibilité imparfaite de nos corps grossiers, ne se faisoit point connoître à ces hommes innocens. Avertis des objets qui pouvoient les blesser par une sensation légere, la Nature les éloignoit du péril, comme une mere tendre écarte son enfant du danger, en le tirant doucement par la main.

Je respirois plus librement dans ce séjour de concorde & d'allégresse. Mon existence me devenoit chere, & tel étoit le charme qui m'environnoit, que je crus un moment être transformé en un de ces mortels heureux. Hélas! dis-je à ceux qui m'entouroient, avec le sourire de la bienveillance : autrefois le monde que j'habite ressembloit au vôtre ; mais bientôt l'innocence, la paix inaltérable, les plaisirs purs, s'évanouirent ; la mort couvrit la terre de son voile funebre : que ne suis-je né parmi vous! O globe fortuné, que j'aimerois ton air pur & ton Ciel! liés l'un à l'autre par la vertu, vous formez une chaîne sans fin, dont chaque anneau est composé de deux cœurs unis par l'amour. Quel contraste! la terre, qui fut ma triste demeure, retentit sans cesse de cris & de gémissemens ; vous nagez dans l'abondance, la douce égalité préside parmi vous. Là bas, le petit nombre opprime le plus grand ; le démon de la propriété infecte, & ce qu'il touche, & ce qu'il voudroit ravir. L'or y est un Dieu, & l'on fait sur ses profanes autels, les sacrifices de l'amour, de l'humanité, des vertus enfin, les plus rares & les plus cheres. On diroit d'un océan où le naufrage seroit universel, & où des malheureux ne chercheroient à se sauver qu'aux dépens l'un de l'autre. Le plus grand ennemi de l'homme, est l'homme même ; ses chefs sont ses tyrans ; ils font à l'humanité des plaies cruelles. Les conquérans y font couler le sang sous le masque de la gloire. Aucun mortel n'y peut dire : demain je reposerai en paix ; demain le bras du despotisme n'écrasera point ma tête ; demain l'affreuse douleur ne broyera point mes os ; demain les hurlemens d'un désespoir inutile ne sortiront point de mon cœur oppreſſé. O mes freres! ſentez tous les bienfaits que le Créateur a daigné répandre ſur vous! ſur la miſérable terre où je ſuis né, le monſtre de la guerre, en vomiſſant le ſalpêtre enflammé, en agitant ſes cent bras armés de maſſues, légitime ce qu'il y a de plus effroyable; il ordonne, il conſacre le meurtre, il enhardit au nom du Dieu Créateur, la main timide qui reculoit d'horreur ou de pitié. O mes freres! pleurez, pleurez ſur nous. Les chaînes de l'oppreſſion s'étendent ſur notre globe lamentable d'un pole à l'autre. Preſque tous les hommes ſont eſclaves; mais tous dépendent des ſaiſons, des élémens, des plus vils inſectes; la Nature entiere nous eſt rébelle; & ſi nous la domptons, elle nous fait payer cher les biens que le travail lui arrache de force; le pain que nous mangeons eſt arroſé de notre ſueur & de nos larmes; des tyrans avides viennent enſuite, & nous en raviſſent une partie pour le prodiguer à leurs complaisans oisifs, ou à leurs chiens. Pleurez avec moi, mes freres! la calomnie, la haine, la vengeance, ne vous ont jamais fait maudire, & l'air que vous respirez, & les rayons du soleil qui vous éclaire. Vous ne connoissez que les vertus qui embellissent & qui élevent l'ame; que nous sommes loin de votre félicité!

Dans le tems que mon cœur donnoit un libre cours à ses plaintes, également livré au plus doux ravissement & aux plus vifs regrets, je vis descendre du Ciel des Séraphins resplendissans, & des cris d'allégresse s'éleverent dans toute la race de ces hommes fortunés. Comme je demeurois étonné, un vieillard me dit : Adieu, mon ami, voici l'instant de ma mort qui s'approche, ou plutôt l'instant d'une nouvelle vie; ces ministres du Dieu clément viennent pour nous enlever de dessus cette terre. Quoi! mon frere, lui répondis-je, vous ne connoissez point les agonies du trépas;

cette

cette angoisse, ce trouble, cette horreur, qui accompagne nos derniers momens.... Non, mon fils: tous les ans, ces Anges du Seigneur viennent à un jour marqué prendre les chefs âgés des nombreuses familles que tu vois rassemblées; cette séparation, au lieu de tristesse, répand une joie sage & universelle. Si quelquefois nos enfans peu instruits, versent quelques larmes, notre bouche leur enseigne que ce jour est un jour de triomphe; notre bouche les console, & leur cœur qu'éclaire bientôt la raison, n'éprouve qu'un instant de foiblesse.

Je vis ces hommes fortunés prêts à s'envoler vers le trône de Dieu. Quel sourire lumineux brilloit sur leurs levres! leur tête sembloit déjà couronnée d'une splendeur immortelle; leurs enfans baisoient leur main avec un respect plus profond; ils disoient: Mon pere! ah! souviens-toi de nous près du trône de l'Éternel, porte-lui nos vœux, nos cantiques, nos actions de graces; nous te félicitons de tou-

I. Partie.   I

cher au terme de tes jours, au commencement d'une béatitude, dont nous n'appercevons ici que l'ombre. Hélas! nous avons encore cent années à paſſer dans ce jardin de délices avant de nous réunir à lui! Avec quelle lenteur ce tems s'écoule! Quand viendra ce moment où nos cheveux blanchis.... Mes enfans, répondoient-ils, nous ne condamnons point les deſirs ſecrets de vos cœurs, mais ſongez que vous devez vouloir tout ce que Dieu veut ; nous vous laiſſons le ſouvenir de notre vie, l'accompliſſement de nos devoirs gravé ſur toutes les heures qui compoſerent nos jours; adieu, adorez, aimez l'Éternel... Alors, je vis leur viſage rayonnant d'un éclat nouveau; plus ils s'approchoient de Dieu, plus ſon auguſte image ſembloit ſe réfléchir ſur leur viſage éblouiſſant; leurs enfans preſſoient pour la derniere fois leurs mains ſacrées, tandis qu'en ſouriant, ils abandonnoient l'autre au Séraphin qui étendoit déjà ſes aîles pour les enlever au Ciel. Ils s'envolerent tous à la fois, comme une troupe de cygnes éclatans prennent leur effor, & s'élevent d'un vol majeftueux & rapide au deffus du faîte de nos palais. Les regards de leurs enfans les fuivirent dans les airs. Ces vénérables patriarches fe perdirent dans les nuages argentés. Alors, tous les habitans fe raffemblerent, firent des danfes, célébrerent ce jour fortuné, & le terminerent par une hymne au Créateur.... Mais je m'arrête, il n'eft pas permis à la foibleffe d'une langue indigente de rendre ces accords fublimes.

L'imagination remplie de ces magnifiques objets, je m'écartai de la foule, pour me promener fous un ombrage folitaire. Une mélancolie fombre & douce s'empara de mon ame; en refpirant l'air de ce féjour divin, je ne pouvois m'empêcher de jetter un coup d'œil plus trifte fur la terre qui m'avoit vu naître; ce contrafte de félicité & de mifere fit couler mes larmes, & je dis dans l'amertume de mon cœur : O combien tu es déchue de ta beauté primitive, terre autrefois bénie & fortunée! aujourd'hui livrée à la colere d'un Dieu vengeur, tu as perdu tous tes attraits; seche & dépouillée, tu parois échappée d'un embrasement, & tes flancs durcis ne s'ouvrent que lorsqu'ils sont déchirés par le fer. Mais que dis-je? ah! ce ne sont point ces plaines émaillées que je regrette, ces plaines où l'immortel printems semoit à jamais des fleurs sous les pas majestueux de l'homme; ce baume des airs, cette ambroisie des fruits. Ah! non; mais cette innocence perdue, cet amour universel de nos jours ignoré, cette flamme du sentiment, flamme précieuse désormais éteinte, cette harmonie jadis subsistante entre les êtres sensibles; oui, voilà ce que mon cœur regrette; voilà la perte que mon ame déplore; attriste-toi, mon cœur, attriste-toi; mes freres sont assoupis dans d'épaisses ténèbres; plongés dans l'oubli d'eux-mêmes, ils se livrent aux erreurs & aux paſſions ; ils conſument dans des eſpérances frivoles le tems d'une vie paſſagere, ce tems qui leur eſt accordé pour ſe réconcilier avec le Ciel.

O ! de quelle hauteur la nature humaine eſt deſcendue ! comment s'eſt obſcurcie cette intelligence, rayon pur de la Divinité ! elle découvroit ſans peine la vérité, la vertu, la perfection. Hélas ! tout eſt évanoui ; ce temple où la flamme de l'amour divin devoit brûler ſans interruption, n'eſt plus qu'un repaire impur où rampent les deſirs inſenſés, où frémiſſent les paſſions déſordonnées !

A peine nous eſt-il reſté quelques traits affoiblis de ce ſoleil de vérité qui luiſoit ſur nos têtes ; ils répandent une lumiere douteuſe à travers les ténébres de notre entendement ; mais ils n'échauffent plus notre ame. La vérité, lorſqu'elle eſt pure, va droit au cœur, le pénetre, l'enflamme, & y féconde le germe des vertus. C'eſt ainſi qu'elle agit ſur ces ames innocentes; mais sur nous misérables mortels... Nous avons perdu la vérité ainsi que le bonheur. Que dis-je! nous fuyons sa clarté mourante. Eh! malheureux que nous sommes, si la vérité paroissoit dans son éclat comme elle paroît ici, où fuir, où nous cacher? la honte & la confusion tiendroient nos langues muettes, au souvenir des outrages que nous lui avons faits: ô philosophes, ô maîtres de la terre, vous qui l'avez tant de fois offensée, tous vos droits prétendus, tous vos frêles systêmes tomberoient comme ces vieux édifices que le tems a minés d'une main sourde, & qu'un souffle renverse tout à coup.

Chûte malheureuse, épouvantable! qui ne peux être conçue de ceux mêmes qui sont tombés dans cet abyme de maux, que tu nous fais regretter ce jour, cette glorieuse aurore, où le Ciel s'unissoit à la terre! aujourd'hui notre ame se trouve corrompue avant qu'elle pense; elle est livrée au poison du crime avant de connoître le mal. Tout ce qui nous environne, flatte & nourrit notre dépravation; l'habitude vient, & nous ravit jusqu'aux remords.... O Ciel! comment peux-tu voir dans ton empire un tel désordre! comment souffre-tu qu'un monde si difforme roule avec les sphères célestes dans l'immensité des Cieux! comment permets-tu qu'il porte l'impie qui ose imaginer & dire qu'il n'y a qu'un Dieu méchant qui puisse être Créateur de tant de maux!

Tout à coup, un de ces hommes justes parut devant moi; un courroux divin animoit sa prunelle. Il me fixoit, comme s'il eut voulu, en lisant dans mon cœur, y reconnoître des pensées plus sages. J'étois trop touché pour retenir mes larmes, elles coulerent en abondance; je lui confiai ma douleur, sur le sort de mes concitoyens méchans & malheureux, sort qui me paroissoit cent fois plus horrible par la comparaison toujours renaissante de ce monde innocent & fortuné.

Cet homme juste m'écouta tranquillement; je soulageai mon cœur en sa présence, & avec toute la véhémence que le sentiment peut porter dans une ame.

Il me jetta un regard mêlé de compassion & d'amour, & me dit: J'aime cette noble sensibilité qui te fait pleurer sur le destin de tes freres; qu'elles sont rares ces larmes, versées en faveur du genre humain! elles seroient sur ta planette un sujet de dérision, pour ces fous qui n'ont jamais réfléchi sur rien; mais cette tristesse de ton ame me plaît. Ce coup d'œil jetté sur ce désordre général qui enfante tant de maux particuliers, ces soupirs rendus plus amers par une plus longue contemplation, ce desir du bonheur de tous, annoncent en toi un cœur droit que tu as sû nourrir d'utiles émotions; mais ce que tu nomme douleur, souffrance, avilissement, misere, la mort même avec son appareil horrible, tous ces maux, quelques sensibles qu'ils puissent être, ne font rien au prix d'autres malheurs ; c'eſt ici qu'il faut pleurer & frémir. Il eſt des hommes qui ont aveuglé leur raiſon & endurci leurs cœurs ; des hommes qui n'aiment point Dieu, qui voyent lever ſon ſoleil ſans lui rendre une action de graces, qui abandonnent leur ame comme l'aire abandonne la paille au vent ; des hommes qui fuyent la vérité pour ſe jetter dans les bras du menſonge, qui divinifent des fantômes monſtrueux, & qui ſe rendent le jouet de leurs deſirs tout à la fois volages & fougueux ; des hommes inſenſés, qui bravent les foudres du Ciel, & qui ne tremblent que lorſque le tems de la miſéricorde eſt paſſé. Voilà ſur quoi les Anges même s'attriſtent ; & lorſque nous apprenons qu'un coupable eſt retourné à Dieu, ce monde entier célébre ce jour, comme il célébreroit la naiſſance d'un nouvel univers.

Mais garde-toi, en contemplant cette ſcène déplorable, d'élever le plus foible murmure contre le Créateur. Vois sa Providence auguste & sage qui embrasse dans son sein ce globe coupable & malheureux : il a jetté un voile sur cet immense univers, aucune main créée ne peut le soulever. Gémis sur ce que l'homme n'est pas ce qu'il pourroit être, & crois en même tems que ce monde, tout déchu qu'il te paroît, possede ce qui lui est nécessaire, pour remplir la place qui lui a été assignée parmi les spheres innombrables qui circulent en présence du suprême Architecte. Oui, ce monde, théâtre du crime & de la mort, à travers les noires vapeurs qui l'environnent, exhale des vœux purs, & les soupirs de quelques justes, propres à se mêler au cantique immortel des louanges dûes au Créateur. Ce monde roule sous ses regards, il entre dans la constitution de l'univers ; & les hommes vertueux qui l'habitent, le rendent aussi précieux aux yeux de Dieu, que plusieurs autres mondes innocens, tous brillans de leur beauté originelle.

Pour t'éclairer dans ces hautes spéculations, souviens-toi que c'est une suite de la foiblesse de l'esprit humain, nécessairement borné, s'il n'apperçoit point l'ordre de ce grand tout, lui même divisé dans des parties qui sont variées à l'infini. L'homme ne voit que les détails, l'homme ne peut appercevoir l'ensemble; mais il faudroit être né pervers pour s'imaginer que ce monde, tout divin qu'il nous paroît, n'a ni esprit ni intelligence pour le régir; ce n'est que la méchanceté qui peint un Dieu dur & chagrin, & ce n'est qu'un cœur corrompu qui puisse enfanter ces pensées effrayantes & abominables sur l'Etre suprême. Crois-tu que la suprême sagesse ait abandonné quelque chose au hazard? Crois-tu que son plan soit tracé d'une main chancelante & incertaine? Crois-tu qu'elle ait fait quelqu'œuvre de rebut, comme un vil ouvrier qui s'essaye? Non, toute idée a été apperçue, exécutée & fuivie. L'intelligence a découvert, a conduit, & foutient cette vafte harmonie; fes deffeins font fixes & immuables; fes regards tombent avec complaifance jufques fur ce globe dont l'afpect t'indifpofe, parce que tu ne le vois que par fon côté obfcur, tandis que placé dans le rang qu'il doit occuper, il contribue à la fplendeur du tout. C'eft affez pour l'homme de favoir que Dieu dirige tout ce qui eft : la beauté morale eft une beauté invifible, Dieu feul en jouit. Il fera permis un jour à l'homme de contempler cette beauté intellectuelle, & l'homme étonné & faifi d'admiration, avouera fa folie paffée, & la profonde fageffe l'omnifcience de l'Éternel difpenfateur.

Embraffe cette efpérance confolante; un Dieu en a mis le germe dans ton fein. Aggrandis ton être, par l'idée fublime d'une élévation prochaine; que la grandeur de Dieu toujours préfente à ton efprit, fasse concevoir ta foiblesse dans un ravissement saint & respectueux. Il t'est utile de croire, & de croire que le tout est bien. Il t'est utile d'honorer ton Créateur, de mettre ta confiance en sa suprême bonté; soumets-toi sous cette main divine qui t'abaisse pour mieux t'élever.

Ne dis pas, ce monde est mal; va, aux yeux du Créateur, il peut paroître plus resplendissant que toute autre sphere. Il est une vertu qui ne peut appartenir qu'à l'homme qui combat, une vertu sublime qui n'habite que ton globe malheureux. Est-il rien de plus beau que la patience d'une ame ferme & sensible, qui s'humilie volontairement sous le joug de la douleur, parce qu'elle la regarde comme imposée par les mains du grand maître. Qu'y a-t-il sous le ciel de plus glorieux que le combat que livre la vertu au vice; c'est-à-dire, aux passions terrestres? Alors l'Éternel abaisse ses regards sur le mortel, qui, dans un corps de boue, a reconnu la dignité de son ame, a lutté avec opiniâtreté contre le malheur. Plus la vertu a d'obstacles à surmonter, plus elle est grande & belle. La victoire rendue terrible & difficile, met dans un jour plus éclatant la force & le mérite du vainqueur. La chasteté d'un Joseph l'emporte sur la pureté des Séraphins, car il avoit à combattre des attraits dont tous les hommes sont idolâtres; il lui falloit vaincre à la fois la beauté, le plaisir, Zulica, & son cœur.

Nos actions n'ont pas ce mérite. Nous tenons tout de la clémence du Créateur, rien de sa justice. Nous n'avons point comme vous, des titres pour prétendre au bonheur; nous le recevons comme grace, & non comme récompense; mais le spectacle qui charme le plus nos regards, c'est lorsque nous voyons sur votre globe une ame environnée de tant de besoins, de peines & de troubles, chercher la vérité avec une ardeur infatigable, la poursuivre, quoiqu'elle lui échappe à chaque inftant; & malgré les orages renaiffans, allumer le flambeau qui doit éclairer l'univers. Ce Socrate, ce prêtre, ce martyr de la Divinité, buvant la cigue, nous fait pleurer d'admiration. Ce Marc-Aurele, vertueux dès l'âge de douze ans, & vertueux fur un trône, portant aux yeux du monde le manteau de la philofophie fur le manteau royal, nous fait envier jufques à fon diadême; & lorfque dans les rangs les plus avilis nous découvrons un mortel, marchant d'un pas ferme & fûr dans les routes de la fageffe, refpectant fon ame, veillant fur fes actions & fur fes penfées, les dirigeant toutes à la gloire du Créateur, & au bonheur de fes femblables, tremblant de commettre la moindre faute, fermant les yeux aux charmes qui l'environnent & qui pourroient le corrompre, voyant la mort accompagnée de toutes fes horreurs, & portant vers le ciel, un œil foumis & mourant, alors nos yeux n'apperçoivent dans la vaste étendue de la création, rien de plus admirable, rien de plus beau, rien de plus auguste : l'ame de ce mortel, ou plutôt de notre ami, de notre frere, contient la perfection de son essence; elle réfléchit la beauté universelle, & le moment où elle abandonne ses liens terrestres, est celui où elle devient un des plus rares ornemens du ciel.

Ainsi la vertu brille & régne dans un monde où le crime voudroit établir son empire; ainsi la terre est le champ de bataille où, sous les yeux de l'Éternel, ils se livrent un combat qui doit être éternellement glorieux pour la vertu triomphante. Soldat du Dieu vivant, honore le temple où il réside; ce temple, c'est ton cœur; c'est de-là qu'il te parle & qu'il te juge : applique-toi à faire toute chose avec gravité, avec douceur, avec liberté, avec justice; la vie est courte, & ne t'est donnée que pour mériter. C'est Dieu qui t'a fait;

conçois toute la profondeur de cette pensée. Tu es homme, tu es citoyen du monde, tu es fils de Dieu, pense à quoi ces noms t'engagent. Vois la terre comme une arêne glorieuse, où c'est un honneur que d'y être descendu. Que la mort te surprenne dans une action généreuse, utile aux hommes, & tu pourras alors, oui, tu pourras lever un front superbe au milieu de la Nature, en élevant tes mains pures vers le Dieu qui récompense.

O suprême intelligence ! océan de gloire, de puissance & de bonheur ! nos ames sont de foibles ruisseaux échappés de ton cours éternel & majestueux ; mais elles tendent à leur source ; c'est notre ame qui te sent, tu tu l'éclaires, la pénétres du sentiment de ton amour ; elle te saisit en appercevant tes magnifiques attributs ; un doux ravissement vient enfler le cœur qui se remplit de toi ; alors, il te connoît, il t'adore, & des larmes délicieuses coulent de son œil fixé sur la voûte céleste. O! de quelle félicité jouit l'ame qui conçoit le bonheur d'être ta créature !

Mortels, estimez-vous heureux sous la main toute-puissante, avancez d'un pas ferme dans la vie, les décrets du très-Haut ne doivent s'accomplir que dans le tems. Si vous portez la vûe dans l'avenir, vous en verrez jaillir assez de lumieres pour vous conduire dans les ténébres. Convaincus de l'existence d'un Dieu, que vous faut-il de plus ? Ne sentez-vous pas de-là même, toutes les grandes vérités qui découlent de cette vérité primitive ? Un être borné peut être susceptible de colere, de vengeance & de jalousie ; mais l'Etre parfait & universel est loin des passions humaines. Qui ne connoît pas Dieu pour un être bon, & surpassant infiniment tous les hommes en bonté, n'a ni religion, ni confiance ; il n'a jamais élevé sa pensée sur ce qui est moralement excellent ; il n'a jamais eu une idée de la vertu, qui n'est autre chofe que la bonté fuprême. Ce ne feroit pas un devoir pour l'homme de faire le bien, s'il n'avoit pas à imiter l'Etre fouverainement bon. Nous ne pouvons admirer aucun caractere majeftueux & magnanime, fi nous en dépouillons celui qui le pofféde par excellence, & fi nous nous méfions de fa clémence; mieux vaudroit ne le pas reconnoître.

Il avoit ceffé de parler, & mon oreille ravie croyoit encore l'entendre : le réveil diffipa mon illufion, mais elle me fera toujours chere, & je la conferverai jufques à la mort dans le fond de mon cœur.

Fin de la premiere Partie.

SONGES
PHILOSOPHIQUES,
SECONDE PARTIE.

SONGE SEPTIEME.

De la Guerre *.

J'ÉTOIS fur les frontieres d'une province inondée du paffage de cent mille hommes ; l'ordre qui les raffembloit, leur marche impérieufe réglée au fon éclatant de plufieurs inftrumens

---

* *Nota.* L'Auteur a déjà publié un Difcours fur les malheurs de la Guerre en 1767 ; il fe trouve *chez Cellot, Imprimeur, rue Dauphine.*

guerriers, leur farouche obéissance, tout m'offroit un spectacle imposant, & qui avoit droit de m'intéresser. Je réfléchissois sur le motif qui pouvoit rassembler tant d'hommes sous les mêmes étendards. Ah! disois-je en moi-même, si c'est la vertu qui les conduit, s'ils vont frapper quelque tyran, & en délivrer la terre, s'ils marchent pour assurer la liberté des mortels qu'on opprime, ce sont autant de héros que l'amour du bien public a réunis; ils méritent nos respects & notre amour; ce sont les défenseurs sacrés des droits de l'humanité. Tout à coup cette multitude de soldat fit halte, & se dispersa de côté & d'autre; la tête échauffée des pensées que m'avoit fait naître cet amas prodigieux de combattans, je suivois leurs pas, & tâchois de démêler dans leurs gestes, les sentimens qui les animoient. Quelle fut ma surprise de voir ces hommes, enfans de la même patrie, revêtus de la même livrée, tirer l'épée l'un contre l'autre avec une opiniâtreté furieuse. Je courus à l'un d'eux, mais il étoit déjà trop tard; il retiroit son épée fumante du cœur palpitant de son camarade; ô malheureux! m'écriai-je, quoi! ton compagnon, ton frere! Il est bien digne de l'être, me répondit il d'une voix assurée, il est mort en brave homme. - Mais que peut il t'avoir fait, pour le traiter aussi cruellement? - Rien, c'est un nouvel enrôlé dans notre corps respectable, & c'est l'usage de payer son entrée par quelque preuve de bravoure non équivoque; il a fait les choses comme il faut. Oh! cela lui fera beaucoup d'honneur; nous regretterons qu'il se soit laissé tuer. S'il eut forcé un peu plus la parade, il auroit évité le coup, & sûrement nous aurions vécu long-tems très-bons amis. - Est-il possible, répondis-je, ému, étonné! quelle étrange barbarie! Mais vous êtes un homme perdu, sauvez-vous; ses camarades, ses supérieurs seront forcés de venger son sang. - Bon, je ne suis que leur exemple, & celui qui s'y refuseroit seroit regardé comme un lâche. Notre gloire est de braver en tout tems la mort, & vous pensez bien, que quiconque n'a point craint un adversaire en tête, ne redoutera point la présence de l'ennemi. Ce sont-là des échantillons de courage. - Voilà un courage fort utile à la patrie. - Oh! cette mort n'est rien. Voyez là-bas ces deux compagnies qui se battent; les beaux coups qui se portent! - Pourquoi donc cette férocité frénétique? n'ont-ils pris le même uniforme que pour s'égorger? - Point du tout, vous n'y voyez pas bien ; la couleur des paremens, & la différence des boutons causent leur inimitié. - Mais ils marchent ensemble sous les mêmes drapeaux, ils vengent la même querelle. - Oui, mais en attendant, ils vuident leurs débats particuliers : ils se haïssent entre eux certainement plus qu'ils ne détestent l'ennemi qu'ils vont combattre, & chaque officier se trouve rival & jaloux

loux de l'officier qui occupe un grade au-deſſus du ſien ; bientôt nous tournerons nos forces contre ***, & alors, nous verrons beau jeu. - Quoi ! vous allez encore chercher dans un autre monde des hommes à tuer ? quelle fureur ! Mais ſi vous continuez, vous vous détruirez vous-mêmes, avant que d'être en préſence de l'ennemi. - Que nous importe, nous ne vivons que par la mort ; & pour que l'un s'avance, il faut que l'autre ſoit tué ; cela eſt clair, & voilà tout ce que je fais. - Quel horrible métier vous faites, mon ami ! pourquoi vous entregorger ? pourquoi verſer un ſang que vous auriez aimé ? pourquoi endurcir votre ame gratuitement ? n'avez-vous jamais éprouvé la pitié, la commiſération ? Vous allez de ſang-froid faire des orphelins, des meres gémiſſantes. Ah ! ſi vous écoutiez votre cœur, ſûrement il vous condamneroit. - Je n'entends rien à tous ces beaux mots là ; voici le vrai. J'ai mené une vie aſſez incertaine jufqu'à l'âge où je me fuis trouvé haut de cinq pieds fix pouces; j'avois un eftomac d'autruche, & j'avois beaucoup de peine à lui fournir de quoi digérer. Un homme tout galonné, cocarde en tête, canne en main, vint me toifer; & me montrant au bout d'une longue perche une ample provifion de gibier, fit réfonner à mes oreilles une trentaine d'écus enfermés dans un fac. Qui pouvoit réfifter à de pareilles amorces ? Votre prétendue figure de la patrie feroit venue toute en pleurs fe jetter à mes genoux, en me priant de la fecourir, qu'elle n'auroit point fait fur mon ame une auffi touchante impreffion. Le jour de mon engagement fut le plus beau jour de ma vie; je n'avois jamais abfolument contenté mon appétit. J'eus du vin, des filles, je fis grand'chere & du tapage impunément; les jours fuivans ne répondirent pas à ce jour fortuné; je fentis le poids de l'efclavage; je déferrai fept fois en quatre ans, ne tenant à rien, voyant d'un œil égal la victoire ou la défaite, aussi peu attaché à un gouvernement qu'à un autre, & ne perdant rien en perdant tout. Notre sort, vous le savez, ne change point après vingt victoires : le soldat obtient rarement les distictions militaires ; des officiers supérieurs s'attribuent toute la gloire des armes, & s'en réservent tout le le prix. J'entendois la voix de chaque Potentat qui me crioit : Je t'accorde du pain, mais à condition que tu le métamorphoseras en sang, que ce sang m'appartiendra tout entier, & coulera au moindre signal de ma volonté. J'ai donc vendu mon sang le plus cher qu'il m'a été possible.

Je ne vous parle point des rudes travaux que j'ai essuyés, des marches longues & pénibles que j'ai faites au milieu de l'hiver ; combien de fois le froid & la faim se sont unis pour m'accabler ; combien de fois je fus réduit à coucher sur la terre, morfondu par une bise piquante. J'ai eu quelques bons momens, j'ai savouré plus d'une fois le plaisir délicieux de la vengeance. Un jour, (après deux mois de fatigues) entrant dans une ville prise d'assaut, forçant les portes de vingt maisons, enlevant tout ce que je trouvois, j'apperçus une jeune femme, les cheveux épars, fort jolie, qui se mouroit de peur, & se cachoit, tenant un enfant dans ses bras. L'ardeur du pillage cede en ce moment à un appétit luxurieux ; tout est permis dans une ville prise d'assaut. Je perce deux de mes camarades qui vouloient me la ravir ; j'égorge l'enfant dont les cris m'importunoient, je viole la mere, & je mets le feu aux quatre coins de la maison. - Vous me faites frémir ! - Bon, l'espece humaine est comme l'herbe des champs ; on la fauche, elle renaît, il ne faut qu'une nuit pour réparer le sac d'une ville. Oh ! nous ne laissâmes pas subsister deux pierres l'une dessus l'autre ; les ordres étoient ainsi donnés. Je passe sous silence d'autres faits héroïques familiers à nous autres héros. Je ne vous dirai point que j'ai passé deux fois intrépidement par les baguettes ; que mes propres camarades, transformés en bourreaux, ont fait ruisseler mon sang de mes larges épaules; j'ai eu ma revanche, & mes officiers, tranquilles spectateurs, ont loué plus d'une fois la vigueur de mon bras. Enfin, je suis revenu sous mon premier drapeau à la faveur de l'amnistie, & quoique je n'y sois pas mieux qu'ailleurs, j'espere plutôt faire ici mon chemin. - Quel chemin, s'il vous plaît ? - Parbleu ! voilà la premiere étincelle de la guerre, nous allons soigneusement l'entretenir, afin que l'incendie dévore, au moins, la moitié de l'Europe; vous voyez ce régiment habillé à neuf, avec ses enseignes flottantes; dans un mois, peut être, il n'en restera qu'un sur cent ; vous sentez bien qu'alors j'entrerai dans ce beau régiment, & que ma paye sera hauffée de trois sols par jour. - Quoi! seroit-il possible que vous pensassiez ainsi? - Non pas seulement moi, mais encore mes camarades, tous nos officiers qui ne demandent qu'à hériter; & vous savez qu'on n'hérite que des défunts. - Je regardai cet homme avec effroi; je lui fis un petit présent en lui recommandant beaucoup d'être humain; il sourit à ce mot, & je m'éloignai.

Je rencontrai, chemin faisant, une compagnie qui s'en alloit tambour battant, & qui murmuroit hautement. Toujours trompé par les inspirations de mon cœur, je crus qu'elle maudissoit la guerre; sans doute, lui dis-je, que l'humanité plaide dans votre ame, la cause des malheureux que vous allez massacrer. - Point du tout, me dit l'un d'eux, on nous envoye dans un misérable pays nud, stérile, où il n'y aura rien à piller que la soupe du paysan, tandis que nous sortons d'un pays gras où nous avions de quoi ravager à notre aise; mais notre chef a déplu à un Ministre, & nous en portons tous la peine.

Je me retirai, bien réfolu de ne plus faire de queſtion, craignant de ſonder ce gouffre d'horreurs, où la Nature humaine ne ſe montre que ſous un jour affligeant & terrible. De retour chez moi, je voulus me conſoler avec des livres ; je cherchois un remede à ce fléau antique qui embrâſe la terre : J'ouvris le fameux Traité de Grotius ; je lûs ce grand ouvrage, & à la froideur révoltante qui y régne, aux exemples de barbarie accumulés avec une patience incroyable, à ſes triſtes, inutiles & longues définitions, le dégoût me ſurprit, je l'eſſuyai d'un bout du livre à l'autre. Jamais plus beau ſujet ne fut plus mal traité. Quoi ! le globe de la terre couvert de ſang ; quoi ! ce métier d'égorger, regardé comme le comble de la magnanimité, puni dans le ſcélérat obſcur qui vous attend au coin d'un bois, honoré dans celui qui le commet au bruit des trompettes & des fanfares ; quoi ! cette folie injuſte & abominable, qui n'eſt le plus ſouvent funeſte qu'à l'innocence, au lieu d'allumer entre les mains de ce philoſophe, le flambeau de la vérité redoutable, au lieu de pénétrer ſon ame d'une indignation forte & rapide, ne lui inſpire que les moyens de légitimer ce qu'il y a de plus horrible, de commettre le crime avec ordre, & de s'appuyer encore de paſſages auſſi dégoûtans que pédanteſques! Ce ſont bien des autorités qu'il faut; il faut caſſer toutes les autorités humaines, pour ne faire valoir que celles de la raiſon & de l'humanité. Loin de remonter aux principes, loin de porter le fer & la flamme dans une plaie cangrenée, il uſe de remedes palliatifs, il couvre d'un manteau de pourpre, ce monſtre de la guerre; il met un maſque ſur ſon front, un diadême ſur ſa tête; & lorſqu'il dégoûte de ſang humain, il ſe proſterne, & n'apperçoit que la pourpre royale *. Ah!

---

* *Nota.* Il eſt une guerre légitime, une guerre de défenſe, qui rentre dans le droit naturel.

disois-je en moi-même, quel sera l'homme qui dépouillera ce géant affreux de l'appareil qui semble l'annoblir, pour ne laisser voir que l'ogre hideux affamé de la chair des enfans, des foibles, des innocens, & respirant avidement l'odeur du carnage & de la mort, à travers l'espace des Empires & la vaste étendue du monde ! Je brûlai le livre de Grotius, qui m'avoit attristé, faisant des vœux, pour que ce siécle ne se passât point sans avoir produit un ouvrage approfondi sur cette importante matiere.

Rempli d'une mélancolie profonde, je me jettai sur mon lit comme pour oublier ce que j'avois vu, & encore plus ce que j'avois lû. A peine le sommeil se fut-il emparé de mes sens, que je me trouvai en pleine campagne, & sous un ciel étranger. Là, plus de quatre vingt mille hommes s'étoient formés des lits de paille, sous le couvert d'une toile aussi légere que portative. Jamais coup d'œil plus étonnant, plus superbe, n'avoit frappé mes regards : voilà dis-je, les hommes dans leur premier état, & dans leur premiere liberté; les remparts menaçans des villes ne les tiennent point captifs; mais en examinant de plus près ces hommes, je vis qu'ils portoient des armes meurtrieres; j'apperçus une file de trente canons géométriquement pointés. Moi-même, ô surprise! vêtu d'un juste-au-corps rouge, un havresac sur le dos, je me trouvois soldat; un long tube de fer qui vomissoit la mort étoit entre mes mains pacifiques, & l'infernale bayonnette pendoit à mon côté. Le tambour se fit entendre; je jettai bas les armes en philosophe, comme firent jadis Horace & Demosthene. Tout à coup on m'arrête, on me donne les noms de parjure, de lâche, on me rappelle les sermens que j'avois fait la veille.- Hier, me dit-on, lorsque vous étiez ivre, vous avez promis.- J'ai promis! moi! ah! sûrement,

Messieurs, j'étois bien ivre lorsque j'ai promis de tuer mes semblables. J'allois faire un beau discours pour leur prouver que je ne devois point me battre, lorsqu'il fallut marcher, entraîné par l'exemple & par la foule obéissante. En cela je ressemblois à bien d'autres qui faisoient cependant parade de valeur. Le tonnerre des mortels qui détruit plus d'hommes en un jour, que le tonnerre du ciel n'en détruit pendant des siécles, donna le signal de la bataille. Je vis le firmament tout à coup enflammé, & tour-à-tour obscurci par des volcans de flamme & des torrens de fumée. Le plomb fatal siffloit & voloit de toute part ; les chefs à grands cris poussoient, précipitoient la file pressée des soldats : tous dans une obéissance aveugle couroient arroser de leur sang, des monceaux de cadavres. Obligé de faire feu, je dirigeois le bout de mon fusil dans le vague des airs, aimant mieux mourir que de frapper un être sensible.

L'horreur pâlissoit mon front, ceux qui me reprochoient ma peur, s'efforçoient de noyer la leur dans une boisson forte qui leur égaroit l'esprit. Bonté du ciel! je doute que l'enfer puisse jamais présenter un spectacle aussi odieux! Des cris lamentables, le fracas du canon, le roulement de cet épouvantable tonnerre, assourdissant les oreilles, & endurcissant les cœurs; des hommes étendus, mêlés & mourans avec des chevaux; les torrens de leur sang ensemble confondu; d'autres se traînant à demi écrasés, & poussant des hurlemens effroyables qui ne touchoient personne; des yeux éteints, immobiles; des visage pâles & sanglans que couvrent des cheveux hérissés; des voix suppliantes invoquant le trépas; toutes les scènes de douleur, de souffrances, de cruautés; tous les tableaux de la rage, de la fureur, du désespoir; toutes les sortes de blessures, tous les genres de mort, tous les tourmens rassemblés; la Nature &

l'humanité mille fois outragées, &
& outragées fans remords; les oifeaux
du ciel fuyant épouvantés; les feuls
corbeaux marquant leur joie par des
croaffemens, fuivant les guerriers à la
trace, & attendant leur proie; le
régne féroce de la barbarie qui fe
laffe & qui n'eft point affouvie; ciel!
quels objets de démence & de terreur! J'avançois fur des corps entaf-
fés, & les dents d'un moribond, expirant dans la rage, me déchirent
la jambe, lorfqu'un homme de fer,
plus fougueux que le courfier qui
l'emporte, m'enleve par les cheveux,
& dreffe fon cimeterre pour m'a-
battre la tête, mais un boulet enflammé vient, & me coupant en deux,
difperfe loin de lui mes membres
mutilés. On ne fut jamais fi content
d'être mort. Bientôt je perdis de vûe
& le champ de carnage, & ces hommes infenfés, qui, dans leur folie héroïque, égorgeoient pour être enfuite
égorgés. Je ne diftinguois plus cette
terre déplorable que comme un point

foiblement éclairé. Je traversois comme avec des aîles rapides d'humides ténebres. Au sortir du bruit affreux & discordant des combats, je me trouvois dans un silence & dans un calme tranquille. Fragile jouet des airs, je commençois à devenir inquiet sur mon sort, lorsque je sentis mes pas s'affermir sur une base plus solide. Je m'apperçus que j'avois pris la forme d'un squelette d'une blancheur extrême; mais je ne conçus aucune horreur de ma nouvelle métamorphose. En effet, je ne sais pourquoi on a tant de frayeur de ses propres os; la charpente d'une belle maison est peut être aussi admirable que la décoration extérieure qui lui sert d'ornement.

Mon squelette blanc se trouva donc parmi une multitude d'autres squelettes aussi nuds que moi. Nos ossemens, en se choquant dans la presse, formoient un cliquetis singulier qui résonnoit au loin. Je ne pouvois maîtriser un saisissement secret à la vûe de ce triste séjour. Je ne considérois pas de bon œil mes compagnons de misere. Tous leurs mouvemens étoient brusques; & quoique réduits au plus misérable état, ils marchoient encore la tête levée & d'un air orgueilleux. Cependant des nuages étincelans rouloient au dessus de nous; ils vomissoient les fléches tortueuses de la foudre; les éclairs qui partoient de ce ciel menaçant, répandoient une lueur sombre & effrayante.

Une voix aussi douce que céleste retentit à mon oreille, & me dit: Te voilà dans un des vallons où la Justice descend pour juger les morts coupables; celui ci s'appelle, *la vallée des homicides*. O ciel! m'écriai-je, seroit-il possible? Mon cœur est pur, mes mains sont innocentes; loin de s'être trempées dans le sang des hommes, elles ont évité soigneusement de porter la mort. J'ai été surpris, entraîné dans la foule des assassins, je ne sais comment, mais je n'ai été l'instrument d'aucun meurtre. Rassure-toi, reprit la voix; il en est d'innocens qui fe trouvent mêlés ainfi que toi avec ces barbares ; mais je fuis ici pour les confoler, en attendant le grand jour, & tu n'es dans ce vallon que pour faire rougir ceux qui ont voulu te forcer au crime. La Juftice, fille aînée de l'Etre fuprême, vient éclairer ce lieu tous les fix mille ans ; tu n'as plus que cinq cens années à attendre. Je marquai vivement & mon impatience & ma douleur. La voix reprit ; tu t'imagines, peut-être, que tu te traînes encore d'années en années, de jours en jours, d'heures en heures, comme fur ce globe que tu as habité ? Défabufe-toi, car depuis que je te parle, cinquante années déjà font écoulées. A ces paroles, l'efpérance vint ranimer mon cœur ; je me mis à obferver ces fquelettes ambulans ; la dureté de leurs cœurs fembloit s'être communiquée à leurs offemens ; ils fe heurtoient rudement entre eux. Je prêtai l'oreille à certain murmure confus, & je diftinguai le bruit effrayant & fourd du torrent rapide des siécles, que la main du tems précipitoit dans le lac immobile de l'éternité. Tout à coup ce torrent impétueux cessa de couler. La Nature fit comme une pause : cent tonnerres furieux creverent le flanc des nuages ; & voici qu'une pluie abondante de sang tombe aussi-tôt sur les coupables ; c'étoit tout le sang versé depuis l'origine du Monde qui retomboit sur chaque meurtrier. Je vis en un moment tous ces squelettes couverts de gouttes ensanglantées, qu'ils tâchoient vainement d'effacer. N'appréhende aucune de ces taches sanglantes, me dit la voix de la consolation, elles ne tombent que sur les homicides. Chaque goutte représente un assassinat ; ce sang fait leur honte & leur supplice ; il leur imprime le remords, la douleur & le désespoir. Frémis pour eux ! l'instant terrible est arrivé. Aussi-tôt les nuées s'écarterent au loin ; un jour lumineux descendit de la voûte céleste, & devint peu à peu si resplendissant, que toute cette multitude teinte des marques criminelles qu'elle portoit, se couchoit sur la terre, & sembloit vouloir se cacher dans ses abymes. Moi-même, quoiqu'ayant conservé la blancheur, emblême de mon innocence, je ne pus résister à une frayeur respectueuse ; je tombai prosterné. La Justice éclatante parut au milieu des airs, non avec ce front courroucé, ce glaive, ces balances que nous lui donnons ici-bas ; revêtue d'un manteau bleu parsemé d'étoiles d'or, elle tenoit d'une main un sceptre d'un feu blanc, tandis que l'autre se portoit avec tristesse sur son front, qui rougissoit des crimes qu'elle étoit obligée de punir. Sur ce front touchant, Dieu même avoit imprimé toute sa majesté ; les nobles traits de son visage, quoiqu'un peu séveres, inspiroient la confiance, & sembloient plaindre les malheureux coupables en les condamnant. Quelle beauté ineffable ! Que son aspect faisoit naître de regrets & d'amour ! Quels remords affreux dans la race des homicides d'avoir outragé cette majestueuse Déesse! Environnée de toute sa gloire, assise sur son trône auguste, ce n'étoient que des gémissemens au souvenir de ses saintes loix méconnues ou violées. Le soleil de la vérité lui servoit de couronne, & toute cette vaste scène étoit éclairée par la splendeur de ses rayons. Le Tems vint déposer son horloge au pied de la Justice, & repassant le sable des années, elles s'écoulerent une seconde fois avec une rapidité inconcevable. Chaque mort y revit avec effroi les instans d'une vie dont il devoit rendre compte. A la gauche de la Justice, une voix tremblante servoit d'interprête aux coupables, & faisoit tous ses efforts pour les justifier. Cette voix foible se nommoit politique, raison d'état; tout ce qu'elle disoit tenoit du délire de l'inhumanité, de l'extravagance. Une autre plus forte & plus éloquente qui étoit à droite, foudroyoit ses vains discours ; c'étoit l'Humanité sainte. Au son de cette voix victorieuse, les meurtriers étoient saisis de terreur ; ils avouoient leurs crimes, & la pleine connoissance de la vérité faisoit leur supplice.

Cette multitude, tremblante devant les regards de la Justice, cherchoit en vain quelqu'asyle. Tous ces Potentats si fameux étoient nuds, tremblants comme les autres ; plusieurs milliers d'hommes en accusoient un seul, & le rendoient responsable de tous les meurtres qu'ils avoient commis. La voix du côté gauche, par exemple, prononça si fréquemment le nom d'Alexandre pour excuse, que la Justice ordonna qu'il comparut seul. Je vis alors un squelette de taille médiocre, les vertèbres du col penchées, & tout rouge de sang, sortir en tremblant de la foule où il se tenoit caché ; le murmure qui se fit entendre sur son passage augmenta sa confusion. Nud, petit, dépouillé, il faisoit pitié. Quoi !

dit la Justice, voilà donc le pygmée orgueilleux qui vous a ordonné le crime, & auquel vous avez obéi préférablement à l'équité, à l'humanité, à votre propre conscience! Contemplez la bassesse de votre idole; elle-même reconnoît son néant; elle-même va vous accuser de l'avoir empoisonné d'un ridicule encens, au lieu d'avoir renversé l'autel où ses ordres égarés demandoient des hommes pour victimes. Par quel enchantement vous êtes vous rendus des esclaves sanguinaires, tandis que tout vous crioit que la Nature ne vous avoit pas fait pour servir les fureurs orgueilleuses de ce despote.

Pour toi, qui as sacrifié mes loix au penchant d'une ambition forcenée, tu te vois aujourd'hui l'horreur des complices mêmes de tes forfaits; mais ce n'est point assez, je vais te faire voir à qui tu peux être comparé. Au même instant, elle fit signe de son sceptre, & un autre squelette à peu-près de même taille qu'Alexandre, prit place à côté de lui. Il n'étoit pas tout-à-fait si rouge de sang, mais ses os étoient fracturés en divers endroits. Je remarquai que les coups du fer, instrument de son supplice, avoient même enlevé les taches principales : regarde Alexandre, dit la Justice, regarde ton émule; il ne manquoit à ce brigand, que la force & la puissance pour t'égaler, & il se seroit servi des mêmes moyens que toi pour ravager le monde; son courage fut aussi grand que le tien; mais gêné par les obstacles, il fut réduit à égorger dans l'ombre ses concitoyens; ceux qui veillent à l'observance de mes loix furent heureusement assez forts pour conduire l'homicide sur l'échaffaut ; il y avoua du moins ses crimes, & se jugea digne du supplice le plus honteux.

Malheureux! tu ne differes point de ce voleur ; &, plus à plaindre, le châtiment n'est point tombé sur ta tête. La force a soutenu ton bras de fer qui écrasoit les humains; tu brûlas mes loix dans l'incendie des villes ; tu forças les mortels effrayés à te dresser des autels ; tu perças le sein de l'amitié ; le scandale de tes victoires a égaré des Rois qui, à ton exemple, sont devenus injustes. Approche, cruel César, toi qui pleuras devant la statue de ce meurtrier, dévoré de l'ambition d'en ériger une semblable ; tu ne fus arrêté ni par le génie de Rome, ni par les pleurs de ta patrie. Armé d'un poignard, tu déchiras son sein lorsqu'elle te tendoit les bras ; tu détruisis la sagesse de six siécles de gloire, pour établir sur leurs ruines, les régnes affreux du despotisme. Va, ton nom commence à devenir en horreur, ainsi que ceux des Tamerlan, des Attila, des Charles XII. des Gengiskan ; les sages proscrivent leur génie odieux & funeste ; il n'est que la foule aveugle qui soit encore séduite, & qui dans ses idées basses ne puisse confondre le criminel puissant qui échappe au supplice, & le coupable obscur qui le subit justement.

Princes, Conquérans, Généraux, Guerriers, quelques noms superbes que vous portiez, vils ambitieux! hommes de sang, frémissez! vous avez accoutumés les hommes à s'entredétruire, vous avez fait de la guerre un fléau habituel & renaissant, vous avez osé attacher une gloire au meurtre; c'est vous, sans doute, qui répondrez des crimes que vous leur avez fait commettre; mais celui qui est venu vous offrir une main sanguinaire, celui qui pouvant arrêter la cruauté, ou se dispenser d'en être le complice, a servi vos fureurs pour un coupable intérêt, celui-là, dis-je, s'est rendu aussi punissable que vous. Eh! de quel droit un mortel ose-t-il donner la mort *? Son existence n'appartient-elle pas au Dieu qui l'a créée? La destruction est un attentat envers l'Etre suprême : frémissez,

---

* C'est la guerre d'ambition que l'on proscrit, & non la guerre légitime.

miſſez homicides ! en ma préſence, rien ne peut vous excuſer ; le ſang de vos freres crie vengeance. Celui là même qui n'eſt couvert que d'une goutte ſanglante, ſera tourmenté par le feu dévorant du repentir, & pluſieurs ſiécles pourront à peine la tarir. Vous ſoupirerez encore de regrets, lorſque la clémence du Dieu de miſéricorde voudra bien vous abſoudre ; car faut-il vous le dire, cette tache eſt ineffaçable.

Vous n'avez agi que pour mériter des temples & l'admiration des races futures. Eh bien ! vous êtes condamnés à ſouffrir, juſqu'au tems où ils ſeront démolis, juſqu'au moment heureux où les peuples éclairés maudiront la guerre & ceux qui en ont allumé l'horrible flambeau. Alexandre ! il faut que ton nom ſoit en horreur ſur toute cette terre, où tu voulois être déifié ; il faut que tous ceux qui ont ſuivi ton exemple ſoient mis au rang des ſcélérats, avant que tu puiſſes eſpérer quelque pardon : puiſſe ce tems n'être pas aussi éloigné que le demanderoit la réparation de tes forfaits. Souffre avec patience ; on commence déjà à te détester ; on attache à tes exploits l'idée d'injustice & de barbarie. Des sages ont frappé d'opprobre tes fougueux imitateurs. La haine s'attache au titre de conquérant, & sur un coin de la terre il est un Roi aimé, respecté de son peuple, qui préfere le nom glorieux de pacificateur à tout autre nom.

Un squelette sortit de lui-même de la foule, comme pour se présenter aux pieds de la Justice, & la voix du côté gauche devint son interprète. O suprême Justice, dit-il, je suis tout couvert d'un sang qui me tourmente, & tu le sais, je n'ai jamais tué personne. La voix qui étoit à droite répondit : Tu n'as jamais tué, mais, malheureux, tu as chanté les héros meurtriers, tu les as excités au carnage, tu as célébré des victoires inhumaines ; ta trompette immortelle a égaré nombre d'ambitieux. En immortalisant leur nom, tu as immortalisé le crime des conquêtes; tu les nommois des triomphes légitimes; & posant hardiment les lauriers sur une tête barbare, tu n'a pas rougi de lui montrer la gloire au milieu des villes, des temples & des palais embrasés. Le massacre des hommes devoit-il être l'objet du langage des Dieux! Les chants du génie devoient-ils servir les attentats de l'ambition! la colere des Rois mérite-t-elle d'être annoblie? Ah! c'étoient des larmes que tu devois verser sur le sort de l'humanité souffrante, ou plutôt tu devois employer le génie dont la Nature t'avoit doué, à faire valoir ses droits éternels & sacrés; alors tes vers auroient été plus sublimes & plus respectés. En avilissant les tyrans, en les rendant odieux à toute la terre, en les livrant d'avance à l'horreur de la postérité, on eut vu la gloire sanglante des combats, renversée de son char, dépouillée de ses rayons mensongers, expirer sous tes pieds triomphans. L'humanité t'eut serré dans ses bras en pleurant de joie. L'hommage des mortels sensibles, & le regard du ciel attendri, auroient été ta digne récompense. Que ta poësie soit lûe, admirée, à cause de son harmonie, tandis que tu expieras ici l'abus que tu as fait des plus précieux talens.

Je l'avouerai, en gémissant, je vis Virgile, Horace, Ovide, ces rares & beaux génies, mais ces indignes adulateurs du pouvoir arbitraire, suivre les pas de cette ombre désolée. Ils furent punis, comme le chantre d'Achille, pour avoir caressé le monstre qui signa les proscriptions, pour avoir abusé le monde par des vers aussi méprisables qu'ils sont coulans, pour avoir les premiers donné l'exemple honteux de diviniser le diadême sur quelque front qu'il repose. Tous ces lâches Historiens qui ont déguisé la vérité, cette foule de flatteurs qui conseillerent le crime qu'ils n'oserent commettre, ceux qui ont formé le cœur des tyrans, ou qui, plus criminels encore, ont corrompu l'art de parler au genre humain, tous ces pervers, dis-je, étoient traités comme s'ils eussent versé le sang humain; car ils peuvent être rangés dans la classe des plus cruels ennemis de l'homme, & Machiavel n'étoit la plume en main, que ce que Néron étoit sur le trône.

La Justice fit entendre sa voix majestueuse, & dit : Paroissez à votre tour, héros chéris, qui n'avez combattu que pour assurer le repos du Monde, vous dont la valeur utile a été la protectrice des foibles & l'asyle de l'innocence, vous qui avez été aussi supérieurs à vos passions, par votre sagesse, qu'à vos ennemis par votre courage. Approchez guerriers humains, aussi braves que sensibles, respectables soutiens des peuples, qui n'avez tiré l'épée que pour arrêter l'homme sanguinaire qui venoit les égorger. Vous gémissez vous-même sur ce sang impur que vous avez été forcés de répandre, mais vos regrets ne doivent durer qu'un inftant ; c'eft un tribut que vous payez à la Nature ; elle vous tient quitte, alors que je vous juftifie. Alors, on vit paroître les Séfoftris, les Épaminondas, les Scipions, les Marc-Aurele, Charlemagne, & Henri IV. Ils étoient fans taches ; les rayons lumineux du foleil de la vérité, refplendiffoient autour d'eux, & rendoient plus effrayantes les gouttes enfanglantées qui couvroient les coupables. La Juftice fit un figne, & ces derniers furent plongés dans des abymes profonds, pour y être purifiés par les remords. Je me vis parmi le petit nombre qui pouvoit lever vers les cieux des mains pures. Ma joie fut grande, car je fouffrois autant d'être auprès de ces homicides, que fi j'euffe été moi-même couvert de fang.

Parmi ces héros j'apperçus cet homme vertueux qui, embraffant la caufe du genre humain, dans une affection tendre & fublime, forma ce beau projet de paix perpétuelle qui fera toujours la chimere des belles ames. Il étoit confidéré comme l'écrivain le plus honorable de tous les fiécles. Un fentiment profond de bienveillance enflamma fon ame grande & fenfible. Les peines de l'homme tourmenterent fon cœur généreux; il auroit voulu abolir dans l'univers l'efclavage, le defpotifme, le vice & le malheur, & fur-tout arracher des mains des Rois, ce glaive terrible qui fert leur ambition effrenée. Ses ouvrages avoient paru des rêves pendant le fommeil de la vie; mais ici ils portoient une empreinte lumineufe qui leur méritoit les regards de la Juftice.

Ce philofophe affis entre Henri IV. & ce Duc de Bourgogne adoré, tenoit entre fes mains le plan univerfel de la félicité des Nations. Il confultoit ces grands hommes dont l'humanité fincere & profonde étoit fans fafte, fans vanité, fans foibleffe; mais hélas! la Nature leur avoit refufé de plus longs jours! Mon ame ardente voloit comme pour s'unir à cette ame pure qui chérissoit l'ordre & l'harmonie pour le seul bien qu'ils font au monde. O quelle joie ! quels momens heureux ! j'eus le bonheur de m'entretenir avec lui sur des matieres également intéressantes & profondes; il avoit encore cet enthousiasme que les ames qui ne sentent rien condamnent, & qui est cependant l'unique germe de toutes les grandes choses.

Ami, me disoit-il, le boulet rouge a été jusqu'ici la derniere raison des combattans. Ils concevront, sans doute, un jour, qu'ils pourroient en donner une meilleure. Tu vois quelle triste figure ils font ici, devant le miroir redoutable de l'équité; ces fiers acteurs du théâtre de la vie ont quitté les brodequins qui les hauffoient à nos yeux ; c'étoient des nains montés sur des échasses, qui préparoient avec fracas leurs farces tragiques : le tribut consacré à la vraie grandeur & à la vertu ne se paye en ces lieux qu'à l'ami de l'homme; cet exemple pourra les frapper. En vain l'on dira que les affaires font si embrouillées qu'il est plus court de prendre la voie des hostilités; il est sûr qu'il y a dans la politique un système de paix générale, que la guerre n'est point l'état naturel des hommes, & qu'il n'appartient qu'à ceux qui gouvernent l'Europe de donner la paix à l'Europe. Il est faux qu'ils soient inévitablement forcés aux combats; tous les troubles de notre monde politique prennent leur source dans leur ambition particuliere; les affaires d'État sont comme celles des particuliers; l'entêtement des parties fait leur ruine mutuelle. Qui ne gémiroit de voir les Nations que leurs besoins réciproques ont réunies, se faire tous les maux possibles, & rendre leur condition pire que celle des hommes qui errent sans maîtres & sans loix!

La politique a passé pendant plusieurs siécles, pour une science qui ne pouvoit être traitée que par une classe de mortels qu'on appelloit hommes d'État; mais aujourd'hui tout particulier qui raisonne & calcule, peut lire dans les cabinets de tous les Potentats de l'Europe; ils sont percés à jour. Il n'est plus d'entreprise secrette; on a évalué la force des Empires, & les ressorts les plus mystérieux peuvent être ramenés à un point fixe. S'il est quelque obscurité sur les causes secondes, ou découvre aisément les premieres.

On répete tous les jours que l'Europe est semblable au corps humain, qu'il est salutaire qu'elle éprouve des révolutions, & que les guerres en entretenant toutes ses forces, affermissent sa constitution. Rien de plus absurde que de comparer le monde physique au politique; l'un a des loix invariables; l'autre n'en a jamais eues. Il faut être bien aveuglé pour ne pas voir que des guerres, aussi meurtrieres que les nôtres, anéantissent & l'agriculture générale, & l'industrie & le commerce, dont les progrès sont toujours combinés par le nombre d'hommes; qu'en conséquence, moins un corps aura de force par lui-même, plus ses membres seront foibles. Depuis cent soixante ans, il est descendu ici-bas au moins vingt-deux millions d'hommes, malheureuses victimes des combats, & morts à la fleur de leur âge. L'Europe est donc infiniment plus foible qu'elle ne l'étoit il y a un siécle. Cette belle partie du Monde dépérit sensiblement, & il y a de quoi être effrayé de l'anéantissement de l'espece humaine. La France, par exemple, est privée de quatre millions d'habitans; elle a donc perdu de sa richesse, de sa puissance, de sa fertilité.

Indépendamment des relations que l'Europe peut avoir un jour avec le reste de l'univers, on ne la verroit pas flétrie par ces désastres affreux, n'avoir pas de quoi nourrir ses habitans, faire venir une partie de sa subsistance d'Afrique, tandis qu'une partie immense de son continent demeure inculte; qu'elle bénisse le despotisme qui enchaîne sous la servitude les peuples de l'Asie & de l'Afrique; sans joug assoupissant, si funeste à ces vastes États, mais utile à elle même, elle n'auroit aucun rempart à leur opposer. Sa politique incertaine, son inquiétude, sa désunion, tout hâteroit sa chûte.

Le peuple ne voit pas combien de ressorts honteux il faut mettre en usage pour faire marcher une armée. Nos Gouvernemens ont la fureur des combats, & aucun d'eux n'est militaire par sa nature ; il faut acheter ou traîner de force des soldats. Chez les Romains point de caisse militaire ; les conquêtes n'étoient point à prix d'argent. Aujourd'hui tous les peuples modernes ruinent le Gouvernement civil pour soutenir l'État politique. Ce sont les finances qui forment le nerf de la guerre. On paye tout en or, courage, vertu, bonheur; ce commerce suivra la fortune des Gouvernemens. Qu'auroient dit les anciens, s'ils avoient pû savoir qu'il y auroit des États où l'or & l'argent seroient les seuls moyens, & où il se trouveroit des sujets & point de soldats ?

Il fut un tems où l'Europe n'étoit pas établie en république générale ; les Nations n'ayant presque point de communication, n'avoient point de guerres ; l'or & l'argent étoient en petite quantité, & n'avoient pas encore irrité l'ambition ; la paix se plaçoit d'elle-même dans l'heureuse pauvreté des peuples. Ils étoient naturellement privés des moyens ingénieux & cruels de s'exterminer. Les anciens avoient conquis le Monde pour la gloire de la conquête. La guerre devint parmi les modernes un commerce d'intérêt. Il n'est pas étonnant que les bras qui défendirent alors la patrie, devinrent mercénaires ; c'étoit à qui payeroit le plus de bras. Le système des arts vint ensuite, & acheva d'embraser toute l'Europe. Chaque Nation voulut attirer à elle toutes les richesses ; en prenant l'or de son voisin, on le privoit de sa force réelle. La puissance d'un État s'écouloit, pour-ainſi-dire, toute entiere chez un autre. On livra des batailles pour de nouvelles manufactures; tous les anciens ſyſtêmes politiques furent renverſés; l'Europe prit une nouvelle direction; des Gouvernemens marchands ſortirent du néant, leverent une tête orgueilleuſe, & devinrent des Puiſſances guerrieres; ils louerent des bras à leur tour; ils acheterent des alliances; tout fut vénal & corrompu; l'induſtrie ouvrit une ſource intariſſable de maux. L'entretien des troupes dérangea les finances de chaque État; ce nombre déſordonné, livré au libertinage & à l'oiſiveté, ceſſa de jouir de quelque conſidération. On les fit battre ſans néceſſité & comme par paſſe-tems. Bientôt chaque Monarque ſe trouva gêné, & comme à l'étroit, dans l'immenſe enceinte du Royaume où la Providence l'avoit placé. Tout Prince voulut jouer un rôle ſur le théâtre de l'Europe; tous aſpirerent en ſecret au premier, & la modération devint une vertu méconnue de la politique même. Les chefs des États se rendirent les perturbateurs du repos du monde, & l'envie déréglée de faire tout retentir de son nom, devint une maladie incurable qui a ses redoublemens. S'il n'y avoit jamais eu de gazette, peut-être tel Roi qui a ravagé une partie de l'Europe, n'auroit pas fait sonner un seul coup de tambour.

Il est aisé de montrer le mal, lui dis-je, il abonde de toute part; mais où est le remede, il est caché! Quel œil aura la sagacité de le découvrir? Comment concilier les intérêts politiques des Souverains? Il faudroit démonter la machine de l'Europe; ce seroit changer l'ordre des choses, ou plutôt renverser tout. Les fleuves remonteront vers leurs sources avant que le desir d'acquérir & de dominer cesse d'être dans le cœur de l'homme le desir le plus ardent de tous. Plus vous voudrez l'éteindre, plus vous lui donnerez de nouvelles amorces. Les hommes puissans sont injuftes par nature, & il ne faut pas penfer qu'ils puiffent jamais devenir plus équitables. Qui les forceroit à fuivre la juftice? Les combinaifons de la politique; elles changent, varient, & ne peuvent avoir aucune folidité. Tous ces traités conclus pour le repos public, ont été le germe de débats plus longs & plus fanglans; c'eft donc une impoffibilité morale que de parvenir à pacifier l'Europe.

Ami, répliqua-t-il, j'avoue que tant que les hommes feront méchans, ils fe feront la guerre; mais s'ils deviennent plus éclairés fur leurs vrais intérêts, ce qui eft très-poffible, ils feront certainement plus juftes. On a vu des peuples en paix pendant plufieurs fiécles; s'ils prennent tout à coup les armes, ce n'eft point l'effet du hazard, plufieurs caufes ont influé fur ce grand changement. Le paffage de la paix à la guerre a dû être extrême, violent; le retour de la guerre à la paix eft long, difficultueux. C'eft un orage qui a fon cours;

mais le calme doit succéder, quand il ne devroit naître que d'une lassitude de fureur, & d'un épuisement de forces. La morale peut alors parler par la voix de la raison, & par celle du sentiment ; elle peut assoupir les haines nationales, éclairer les esprits, disposer les cœurs, &, sûr de ses principes évidens, j'aurois plus de confiance en elle que dans tous nos systêmes politiques. Je penserai toujours que la paix est une affaire de raisonnement, & les hommes raisonnent très bien quand ils y sont intéressés. Dans ce monde tout dépend du premier mouvement ; une idée change un siécle ; un seul homme donne un cours nouveau aux événemens ; ces mêmes causes qui agitent l'univers depuis la création du Monde peuvent se détruire. Ces causes ont été enchaînées l'une à l'autre par des liens qui nous sont invisibles ; elles se sont formées par degré, elles pourront tomber de même....

Il fit une pause, & reprit.

Dans tous les traités on parle de paix éternelle. Ne vaudroit-il pas mieux limiter un tems marqué; je suis certain qu'on le verroit fuir avec regret. L'image touchante de la paix se mêleroit plus vivement au tableau des horreurs de la guerre. Par un passage aussi brusque, le contraste seroit mieux apperçu. Une treve seroit plus simple & plus praticable que le projet de rétablir chaque Souverain dans ses droits; les voies d'accommodement seront plus faciles lorsqu'on ne demandera aucune restitution. Les États sont comme les particuliers, ils veulent jouir de ce qu'ils tiennent. Remarquons que cette treve donneroit à chaque Gouvernement une puissance égale, & pourroit faire rentrer chaque Nation dans son premier état de force. Les forces de chaque société politique ne sont que relatives. En paix elles sont toutes au plus haut degré de puissance; le principe destructeur qui les mine, seroit sans action; les yeux de l'homme s'accoutumeroient à l'image d'une concorde générale ; il perdroit l'horrible habitude d'un spectacle de carnage ; on ne le verroit plus s'entretenir avidement de nouvelles homicides, en repaître son oisive curiosité ; des idées plus douces, plus instructives, viendroient récréer son loisir. Je le répete, une suspension d'armes d'un certain nombre d'années, inviolablement cimentée, est le premier chemin qui puisse conduire à une pacification universelle.

L'Europe n'est-elle pas l'État de tous les États ? Quel degré de force & de puissance auroit notre monde politique s'il eut suivi les mêmes principes que certaines Républiques, qui, comme celles de Venise, & la Suisse, n'ont employé jusqu'ici d'autres systêmes que celui de se maintenir dans une paix profonde ! Comment tous les Souverains n'ont-ils pas senti que leur premiere maxime devoit être d'augmenter par une paix fixe & permanente, le nombre des bras qui cultivent la terre? Comment la France, par exemple, oubliant ses plus chers avantages, a-t-elle pû envoyer ses enfans dans les combats, hors de son sein, tandis que sa position heureuse, son sol fertile, ses places fortes, la rendent invincible, tant qu'elle se tient sur la défensive?

C'est que, lui répondis-je, comme le dit un Auteur profond, de la défense à l'attaque le pas est fort glissant, & que, peut-être, il est des guerres justes. Une guerre juste *! reprit avec feu cet homme vertueux; c'est de cette grande & importante question que dépend le malheur ou le bonheur du genre humain; n'écoutons point la politique, elle commet en sûreté de conscience des maux effroyables. Remontons aux principes; la Nature a mis en nous une puissance qui nous porte à repousser le mal que

---

* Quoiqu'elles soient rares, on ne prétend pas insinuer qu'elles soient toutes injustes.

l'on pourroit nous faire; mais cette puiſſance eſt bien différente de celle qui attaque ou de celle qui ſe venge. La défenſe doit être abſolument perſonnelle, & ne peut pas s'étendre plus loin que la durée de l'injure, elle eſt momentanée, ou elle dégénere en vengeance, qui eſt un vice, que (quoiqu'on en diſe) j'oſe croire étranger à la ſimple Nature. La vengeance eſt fille de l'orgueil; c'eſt juſtement le privilége que nous avons de nous défendre qui nous interdit toute attaque. Or, la guerre eſt bien éloignée d'être une défenſe prompte & légitime, elle n'eſt point d'homme à homme, mais d'État à État. Elle n'eſt donc plus qu'un moyen d'augmenter ſes prérogatives; &, loin de porter un caractere d'équité, elle ſert les fureurs de l'ambition. De même que les payens offroient le ſang des hommes à leurs Dieux, ainſi l'orgueil ambitieux ſe ſacrifie un nombre horrible de victimes. Sans doute, il n'eſt pas permis aux hommes de faire valoir toute la force qu'ils ont reçue de la Nature, ce qui feroit de la terre un séjour de brigandages. Si une société avoit le droit affreux de vuider ses différends par la voie des armes, toutes l'auroient ; & qu'en résulteroit-il ? ce que nous voyons aujourd'hui, la destruction de l'espece humaine. Voilà la preuve de l'injustice des guerres ; qui peut balancer la plaie qu'elles font au genre humain ? Il n'est point de calamités particulieres ; tout est lié dans la république universelle. Une partie ne peut être lézée que les autres ne s'en ressentent. Si les États étoient isolés, les maux seroient moins grands ; mais ils sont affreux, parce qu'en se multipliant ils se communiquent à tous. Les Souverains eux-mêmes avouent dans leur manifeste que la guerre qu'on leur fait est injuste ; tous s'accusent réciproquement, & je vous laisse à en tirer la conclusion.

On a voulu établir le droit politique sur la nature physique des bêtes ; c'est abuser de l'art de raisonner. Les

animaux ne font point en état de guerre; il eſt parmi eux, il eſt vrai, des averſions, des antipathies fondées ſur des cauſes qui nous ſont inconnues, mais aucun animal n'eſt en guerre avec celui de ſon eſpece, On n'a point vu une armée de tigres ſe battre contre une autre armée de tigres, & l'on voit continuellement des armées d'hommes ſe détruire. D'ailleurs, la raiſon étant ce qui diſtingue l'homme des animaux, il doit l'employer pour la diſcuſſion de ſes intérêts; mais lorſqu'on dira que les Gouvernemens ſont dans une perpétuelle minorité, qu'ils ne ſont ſoumis à aucunes loix qui puiſſent les engager, qu'ils ne ſont pas même enchaînés par leurs propres traités; lorſqu'on verra les vainqueurs lever au ciel des mains enſanglantées, comme pour l'aſſocier à leur fureur, pouſſer des cris de joie après des homicides, être inſenſibles à tout remords, alors....
Je l'interrompis, en lui diſant, je crains bien qu'il n'y ait dans l'eſpece

humaine un certain penchant à la cruauté. L'homme ne seroit-il point un être méchant ? Tu ne le pense pas, reprit-il, mais garde-toi bien, même pour tenter l'opinion d'autrui, de proférer un tel blasphême. Tu sais comme moi quels sont les moteurs de la guerre, & de ces autres fléaux non moins terribles;... va, l'homme est né bon ; & puisque nous sommes dans cette intime familiarité, où la pensée librement se déploye, je vais....

Tout à coup une décharge d'artillerie me reveilla en sursaut ; elle célébroit la nouvelle d'une victoire. Pour moi fuyant le tumulte des réjouissances publiques, le bruit du salpêtre enflammé, l'ivresse d'une populace aveugle, je me dérobai à la foule, & dans un cabinet solitaire, j'écrivis ce songe.

SONGE

SONGE HUITIEME.

De l'Amour.

LE triste mois du Sagittaire annonçoit déjà l'hiver aux cheveux blancs; le flambeau des cieux ne jettoit plus qu'un éclat pâle, & la nuit plus longue succédoit rapidement au jour. Adieu les plaines riantes, les bois ombragés, les ruisseaux tranquilles; le froid vieillard qui s'assied sur les orages, tout hérissé de glaces & de frimats, chassoit l'Automne expirante. Il falloit retourner à la ville, à cette ville tumultueuse, où toutes les passions fermentent, & semblent de leur souffle impur, corrompre l'air qu'on y respire. J'abandonnois à regret ces belles campagnes, où six mois s'étoient écoulés comme un seul beau jour. Au milieu de ma route, je m'arrêtai sur le soir dans une hôtellerie pour y passer la nuit. Assis au-

II. Partie. M

près d'un large foyer, d'où jaillissoit un feu brillant, je réchauffois mes mains engourdies, lorsque je vis entrer une jeune femme d'une figure intéressante ; son geste & sa démarche annoblissoient la simplicité de ses habits ; elle tenoit dans ses bras un paquet mollement pressé contre son sein. A peine fut-elle à mes côtés, qu'elle l'ouvrit, & développa d'entre plusieurs langes le plus bel enfant qui ait jamais frappé mes regards. Cette scène, quoique naturelle & commune, me toucha vivement par les graces, la noblesse, la dignité de celle qui la représentoit. Respectueux admirateur de la tendresse maternelle, je la considérai néanmoins avec beaucoup d'attention. Les traits les plus fins se dessinoient avec fierté dans les contours d'une physionomie douce & touchante ; ses yeux étoient pleins de feu, mais la modestie en tempéroit la vivacité ; sa parole étoit ferme, quoiqu'un peu agitée ; & cet ensemble formoit un tableau qui m'attachoit tout entier. Encore plus excité par un intérêt tendre que par un penchant curieux, je me hazardai à lui demander d'où elle venoit, & si elle avoit encore loin à marcher, chargée d'un tel fardeau. Ce n'est point un fardeau, me répondit-elle d'une voix douce ; mon enfant m'est trop cher pour peser dans mes bras ; ils ne se reposeront de l'avoir porté, que lorsqu'ils l'auront remis dans les bras d'un pere. Puissé-je toucher à cet instant heureux ! mais si le sort l'éloigne, l'espérance courageuse saura me donner la fermeté de l'attendre. Ces mots prononcés avec quelque véhémence, m'inspirerent le desir d'en savoir davantage. Je la questionnai poliment, & avec ce ménagement, ce respect qui invitent l'ame par l'accent de la droiture, sans aucune autre espece de violence. Son cœur naïf se trouvant d'abord un peu embarrassé dans le chemin de la sincérité, hésitoit à chaque réponse ; mais enfin, soit que ma façon de parler lui suggérât quelque confiance, soit qu'elle trouvât un soulagement secret à me faire un aveu que je paroissois desirer, elle me parla ainsi : Vous reconnoîtrez aisément à mon accent que je ne suis pas de cette Province ; je suis née à ✱✱✱ ; je perdis ma mere de trop bonne heure; bientôt je me trouvai à cet âge où tout paroît séduisant, & où on le devient soi-même. Parmi tant d'yeux qui cherchoient à fixer les miens, il s'en trouva deux auxquels il fallut répondre. Je ne pus m'en défendre, car en les voyant, je crus voir le bonheur qui y brilloit d'une flamme pure, elle acheva d'embraser mon cœur. Nous fûmes bientôt d'accord, nous nous entendîmes; nos cœurs n'en formerent plus qu'un, & forcés de cacher notre amour, il n'en devint que plus violent. J'appartenois à des parens aisés, mais d'un caractere tyrannique; mon amant étoit jeune, bienfait, spirituel, vertueux ; mais sa fortune étoit de beaucoup inférieure à la mienne. On refusa de me le donner pour époux; un homme riche, sans graces & sans mérite, vient, me demande en mariage, comme on demanderoit un bijou pour lequel on auroit quelque fantaisie : l'occasion parut si avantageuse, qu'on n'accorda à mes larmes que deux jours pour me décider. On a beau dire, une fille jeune & timide, accoutumée à la soumission, ne peut se refuser à la main d'un pere, qui, d'un air impérieux, la traîne à l'autel. Je ne me sentois point cette force ; je consultai mon amant, comme ce que j'avois de plus cher dans le monde, & je lui dis : Je ne vois que la mort qui puisse me souftraire aux ordres d'un pere qui semble plutôt tonner que commander ; que faire ? Fuyons, me dit-il, si vous m'aimez ; la fuite est nécessaire, & il me serra dans ses bras sans parler. D'autres pays, poursuivit-il, nous offrent des asyles contre la tyrannie, partons ; la terre nourrit dans sa vaste étendue tous ses enfans laborieux ; Dieu nous a donné un cœur qu'il a fait l'un pour l'autre, c'est à sa

Providence qu'il faut nous confier. Venez, c'eſt déſormais à mon bras à guider vos pas. Sa voix douée d'un charme irréſiſtible m'entraîne : l'Amour nous prête ſes aîles, mais auſſi ſon imprudence ; dans notre ivreſſe, nous aurions été, je crois, juſqu'au bout du monde, ſi le manque d'argent ne nous eut tout à coup arrêtés. Surpris, nous nous regardâmes, & déjà endettés dans ce même endroit où vous me voyez, il ne nous étoit plus permis d'en ſortir. Je portois dans mon ſein cet enfant qui charme vos yeux & les miens. Quelle ſituation pour une mere, pour un époux ! Je l'appelle mon époux, & il l'eſt en effet ; nos ſermens mutuels ſont montés au tribunal auguſte de la Divinité, ils n'avoient qu'elle pour témoin; mais aucun de nous n'eſt aſſez vil pour les rompre. Mon époux dans ſa miſere ſe rappella un oncle dont il avoit toujours entendu vanter l'humanité bienfaiſante. Il occupoit un poſte lucratif, non loin de cette contrée. Te résous-tu, me dit-il, à me laisser partir seul, pour toucher un oncle qui peut nous secourir ? car je meurs de honte & de douleur de voir l'état où je t'ai réduite; les travaux de mes mains seroient aujourd'hui insuffisans, reste ici en ôtage, & ne crains rien.... Va, lui répondis-je, en le baignant de mes larmes; moi, douter de ton cœur, jamais ; ce ne sera point ta main qui me portera le coup de la mort, non.... Il part. Depuis trois mois je n'ai eu aucune de ses nouvelles ; d'autres soupçonneroient sa fidélité, mais je suis loin de cette horrible pensée ; mon époux n'est point mort, car le ciel est juste ; je ne sais où il est, mais je l'attends chaque jour. Cependant j'ai été livrée aux douleurs de l'enfantement loin d'une vûe si chere, & qui auroit pû les diminuer ; il n'a point reçu son fils dans ses bras, il ne l'a point embrassé. O ciel! dans quelle inquiétude doit-il être plongé ? En quel qu'état qu'il soit, il souffre, & l'image de ses maux aggrave les miens. Rien ne me manque encore ici, il est vrai ; les gens de cette maison se sont intéressés à mon sort ; ils n'ont point suspecté mon honneur, ma probité ; mais la naissance de cet enfant accumule mes dettes. Qu'il est dur de devoir de pareils services à la pitié d'autrui ! Quel seroit mon désespoir, si la religion ne soutenoit mon courage ? Je pleure en baisant mon enfant, lorsque je songe que le premier aliment qu'il reçoit, est à titre de grace : je tremble que l'infortune qui se leve à sa premiere aurore, ne l'accompagne le reste de ses jours. Dieu protecteur de l'innocence, aye pitié de lui ! mon époux en partant m'a conjuré de l'attendre ici, de n'en point sortir, sur-tout de ne point m'inquiéter, quelque retard qui puisse arriver ; j'en crois sa parole, comme si c'étoit la voix du ciel même ; j'ai porté long-tems ce secret douloureux sur mon cœur, vous êtes le premier à qui je me sois hazardé de le découvrir. On détourne si promptement les yeux de deſſus une infortunée, on eſt ſi cruellement ingénieux à lui ſuppoſer des fautes; la pitié de certains hommes eſt ſi outrageante, ſi barbare.... Je remarque qu'on commence à ſe laſſer des ſecours que l'on m'accorde; on me demande pourquoi je ne reçois aucune nouvelle de mon époux, s'il reviendra bientôt; je ne ſais que répondre, chacun s'étonne de mon courage, mais perſonne n'a mon cœur.

Je gardois le ſilence, eſſuyant une larme qui naiſſoit dans mes yeux. Elle pourſuivit d'un ton plus animé.... Ah! s'il vivoit, il ſeroit à mes côtés; mais cet enfant dans qui je l'embraſſe & crois le voir, voilà le lien qui m'attache à l'eſpérance & à la vie. En achevant ces mots, elle le baiſa tendrement, en lui jettant ces inexprimables regards où ſe peint l'énergie de la Nature. Elle paſſa modeſtement la tête de cet enfant ſous ſon mouchoir, pour laiſſer librement ſa petite bouche fuccer le lait délicieux de fon beau fein. Il étoit d'une blancheur éclatante. J'étois un peu troublé. Qu'elle étoit belle alors ! Ah ! j'ai vu la majefté des Rois affis fur leur trône, celle d'une mere en cette fonction augufte eft bien plus digne de nos refpects.

Mais tout à coup entre avec précipitation un jeune homme un peu en défordre ; il vole dans les bras de cette tendre mere qui jette un cri ; il la tient long-tems preffée contre fon cœur. Il ne faut point demander qui c'étoit ; muette de tendreffe & d'étonnement, elle lui préfente fon fils, ce fils qu'il n'avoit point encore vû ; en le prenant dans fes bras il ne fut plus maître de lui-même ; il levoit les yeux vers le ciel, & des pleurs ruiffeloient le long de fes joues ; il fignaloit les fentimens dont fon cœur étoit plein par des exclamations mêlées de cris de joie aigus, inarticulés, & qui reffembloient prefque à ceux de la douleur. Emporté par des mouvemens contraires, & qui se confondoient, il serroit tour-à-tour la mere & l'enfant contre son sein; les larmes de cette innocente créature ébranlerent son ame entiere; il y répondit par ses baisers. Il ne pouvoit se détacher de cette partie de lui-même qui lui étoit plus chere que sa vie, & tous les témoins se sentirent agités à ce spectacle touchant, de l'émotion la plus vive. Je partageois la volupté dont ils s'enivroient; l'envie de se parler plus librement les entraîna vers leur chambre; le jeune homme soutenoit les pas de son épouse, dont les forces sembloient épuisées par l'excès de la joie. Son œil vigilant n'abandonnoit pas un instant son fils; & d'un bras protecteur il écartoit l'ombre du danger de cette tête innocente. Je les vis s'éloigner à regret, ils emportoient le plaisir délicieux que je goûtois à contempler leur tendresse mutuelle.

On me conduisit dans une chambre; j'apperçus qu'elle étoit voisine de la leur. Une porte mal condamnée, simplement recouverte d'une tapisserie, me laissoit distinctement entendre leur voix. Un sentiment involontaire me maîtrise, & me porte à prêter une oreille attentive ; le jeune homme avoit la parole si animée que je ne perdis pas un seul mot. Tendre amie, disoit-il, livrons-nous au plaisir de nous aimer, puisque c'est le seul qui nous reste, puisque c'est lui qui nous ravit tous les autres biens ; soutiendras-tu avec courage le sort qui nous est réservé ! te sens tu la force de m'entendre ? - Parle sans crainte, répondoit-elle ; il y a deux heures que j'étois la plus infortunée des femmes, je me sens la plus heureuse : tu vis, tu m'aimes ! mon fils dort entre nous deux ! nos regards se croisent sur son berceau ! c'est une existence nouvelle qui anime mon cœur, qu'ai-je encore à desirer ? Si des parens cruels nous refusent la vie, nous la demanderons à toute la terre ; nous louerons nos bras à des maîtres dont la tyrannie se bornera du moins à jouir du fruit de nos travaux; nous pourrons nous aimer en liberté, vivre, travailler & mourir ensemble.

O Dieu! reprit le jeune homme, n'est-on riche que pour être injuste? J'ai volé chez cet oncle, en qui j'espérois trouver un pere, il étoit déjà prévenu par le tien. Dès le premier abord, il me reprocha d'avoir violé les loix les plus sacrées, d'avoir déshonoré son nom, de m'être rendu digne du dernier supplice. Je ne revenois pas de mon étonnement; je crus qu'il avoit perdu le sens. Il ajouta que celle que j'avois eu l'audace d'enlever ne seroit jamais mon épouse; que ton pere en avoit fait le serment, & que lui-même avoit promis d'interposer son autorité pour te remettre en ses mains.

Il accompagnoit ce discours du geste de l'indignation & du mépris. Quoique sensiblement blessé, je déguisai l'état violent de mon cœur; je lui peignis notre amour tel qu'il avoit été, pur, innocent, imprudent peut-être, mais vertueux. Il m'impofa filence d'un ton menaçant; il me dit que je n'avois point d'autre parti à prendre que de te livrer entre fes mains fans aucun délai, & de me fouftraire moi-même par une abfence éternelle aux juftes vengeances d'un pere irrité. Je lui répondis que la colere égaroit fa raifon, & déplaçoit à fon œil les limites du pouvoir paternel, que tout pouvoit aifément fe réparer fans bruit & fans violence, que fi j'avois commis une faute, cette faute étoit excufable, que c'étoit celle de l'amour, qu'elle obtiendroit grace aux yeux de tout homme fenfible, n'ayant été ni ravifleur, ni traître, ni féducteur. Comme il ne m'écoutoit point, je voulus abandonner ce parent cruel; quelle perfidie! on fe jette fur moi, on m'arrête, on me conduit dans les prifons où je fuis étroitement refferré; on ne met d'autre prix à ma liberté que de déclarer le lieu de ta retraite. Je garde un généreux filence, malgré toutes les persécutions & les instances les plus artificieuses. Ma fermeté s'accroît par tout ce que je souffre, mais je souffrois pour toi; & à cette seule idée, ma captivité cessoit d'être horrible. Ma persévérance change en fureur la colere de ton pere; il arrive, il paroît devant moi, il feint de moderer ses transports; il ose me promettre ma grace & la tienne, si je te remettois à lui; c'étoit m'avertir qu'une clôture éternelle t'attendoit; mais un amant qui craint pour ce qu'il aime, a des yeux trop perçans pour ne pas pénétrer un tel piége. Je lui répondis avec fierté : Votre fille n'est plus à vous, Monsieur, vous l'avez tyrannisée; vous méditez en ce moment la perte de sa liberté, vous dressez le plan de son malheur. Elle m'a choisi pour époux, je défendrai son choix jusques à la mort; c'est moi qui dois répondre de sa liberté, de ses jours & de sa félicité: les droits d'un pere qui ne respire que la vengeance cédent aux miens; & comment osez-vous contredire un choix qui affure fon bonheur? comment ofez-vous prétendre un empire fur des inclinations auxquelles le cœur même où elles font nées ne peut commander ? je recevrai la mort avant que de livrer à votre aveugle couroux une tête fi chere; oui, je mourrai avant de manquer au fecret que je lui dois.

On me laiffa quelque tems tranquille. L'homme chargé de m'apporter quelque nourriture, parut s'intéreffer à mon état; il m'offrit fes fervices, & voulut m'engager à lui confier une lettre que j'avois écrite; mais je ne pus jamais me réfoudre à y mettre une adreffe. Pour vous prouver la fincérité de mon attachement, me dit-il, fi vous voulez, dès ce foir je vous procurerai les moyens de vous échapper, pourvu que vous en profitiez avec précaution. Je le ferrai entre mes bras comme un libérateur. Il me tint parole, & la nuit fuivante vit précipiter mes pas vers toi. J'ai marché trois jours de fuite fans prendre aucun repos; & fi la fatigue m'accabloit, l'Amour me prêtoit fes forcès. J'ai tout oublié, tendre amie; maintenant que je repose auprès de toi, que tes bras sont enlacés autour des miens, & que ta douce haleine est sur mon visage; cependant, faut-il te le dire, mon amour n'est point sans inquiétude, j'en crois trop, peut-être, un pressentiment fatal; mais je crains qu'on ne m'ait laissé fuir que pour mieux suivre la trace de mes pas, & pour mieux s'assurer de l'asyle qui te recele. Si c'étoit un stratagême; Dieu!... J'ai vu non loin d'ici une chaise de poste fermée; je l'ai remarquée dès le premier jour de mon départ, qui suivoit la même route que moi. Fuyons, tendre amie, fuyons de ces lieux dès la pointe du jour, & choisissons un asyle où la Providence daigne nous protéger contre nos persécuteurs. - Mais, comment partir, répondit la jeune épouse, lorsque nous sommes engagés par une dette que nous ne pouvons acquitter? l'honneur, la probité nous retiennent ici en esclavage. Dis-moi, cher ami, trouvetu quelque moyen de les accorder avec la néceſſité où nous ſommes réduits ? - Oui, ſans doute, mais tu n'y voudras jamais conſentir. - Parle. - Je ne crains que pour toi ; ſi l'on venoit t'enlever de ces lieux, nous ſerions à jamais perdus l'un pour l'autre, & mon déſeſpoir ſeroit ſans bornes. Fuis avec mon fils, cache-toi dans quelqu'endroit où tu puiſſe demeurer inconnue ; je reſterai ici pour répondre de la ſomme ; je vendrai, s'il le faut, mes habits & les derniers effets qui me reſtent ; peut être deviendrai je l'ami d'un cœur compâtiſſant & généreux que nos malheurs toucheront ; alors je revolerai vers toi, & nous ne nous ſéparerons plus ; mais le premier de nos ſoins eſt de te ſouſtraire à la pourſuite d'un pere ; il t'enſeveliroit pour la vie dans une maiſon de douleurs & de déſeſpoir. Mon ſang ſe trouble à cette ſeule penſée.... Cependant ſi ton cœur ne peut ſe réſoudre à me quitter, demeure, nous mourrons enſemble. - Non, dit-elle,

je causerois ta perte, il suffit de la mienne; je ne me flatte point de fléchir un pere irrité; il m'arracheroit de tes bras. Je fuirai pour mieux assurer notre liberté & notre bonheur...
A ces mots, le jeune homme l'embrasse; ils ne se répondirent plus que par des soupirs, & une douleur voluptueuse qui avoit son prix abattit sur eux le doux sommeil qui les surprit insensiblement.

Mon cœur ému palpitoit avec violence, je donnois des larmes d'attendrissement à leur sort. L'ame plongée dans une douce mélancolie, je me disois à moi-même : Quel est ce mouvement sympathique dont l'impulsion aussi rapide que victorieuse, réunit si étroitement deux êtres, rend courageux le sexe le plus timide, & fait soupirer le cœur le plus féroce? O charme invincible de la beauté, ton empire est certain, tu ne trouves point de cœur rébelle ! Ne. nous le déguisons pas, cette même femme en cheveux blancs, courbée sous le fardeau des années, plus à plaindre encore, plus pressée des besoins de la vie, n'auroit point excité dans mon ame une sensibilité si vive. Je cherchois à définir cette passion active dont je me rappellois par-tout les étonnans effets. Est-elle donnée à l'homme pour sa félicité ou pour son malheur ? Je comparois les exemples de crime & de vertus qu'elle a donnés au monde ; je m'endormis peu à peu dans un torrent de réflexions : aussitôt égaré dans les illusions d'un songe, mes pieds ne touchent plus la terre ; je me sens transporté dans les nues au milieu d'un char attelé de colombes qui se becquetoient dans le vague des airs, & un objet aussi ravissant qu'admirable, s'offrit tout à coup à mes regards. Une femme d'une taille haute, & d'une beauté indéfinissable, couronnée d'étoiles, planoit au milieu d'un air pur, au-dessus de la terre, qui sembloit s'embellir sous ses regards, & s'abreuver délicieusement d'un lait éblouissant que son sein répandoit avec abondance. Son sein étoit enrichi de plusieurs mammelles fécondes rangées dans un ordre parfait; d'une main elle tenoit un flambeau ; ses flammes étoient extraites des plus purs feux du soleil. Elle l'agitoit avec une grace majestueuse, & des millions de petites étincelles brillantes, en forme de dards, se précipitoient avec activité dans toutes les parties du monde. De l'autre main, elle tenoit délicatement un fil invisible aux mortels; ce fil indivisible passoit dans tous les cœurs, & tenoit tous les objets de la terre enchaînés avec des nœuds plus forts que le diamant. Le plus léger mouvement partoit de ce grand principe, & les révolutions les plus prodigieuses étoient filles de ce simple ressort; c'est par lui qu'elle développoit le cours des choses avec une harmonie réguliere & constante, qu'elle conduisoit tout avec une magnifique aisance; sa robe tachetée embrassoit le globe de l'univers, & présentoit une admirable variété de couleurs nuancées à l'infini. Elle se suffisoit à elle-même, & jouissoit de ses propres charmes. Dans ses regards se peignoient la tendresse & la sollicitude maternelle; je n'eus pas de peine à la reconnoître. O Nature, lui dis-je, est-ce toi que j'ai tant cherchée? est-ce toi que les mortels veulent méconnoître? est-ce toi, beauté pure, qu'ils outragent à chaque instant? Elle me jetta un sourire plein de bonté, & dit: Tous ces hommes sont mes petits enfans, mais ces enfans sont volages & rébelles. Ils oublient leur mere; & plus ils s'éloignent de moi, plus leurs yeux deviennent foibles pour m'appercevoir. Je les conduis doucement par ce fil, en leur cachant la main qui les soutient, car leur orgueil en seroit blessé. Je leur présente de flatteuses amorces pour qu'ils m'obéissent, & je ne les châtie que pour leur bien, lorsqu'ils s'écartent trop de mes aimables loix; ils murmurent sans cesse contre leur mere; elle ne les en chérit pas moins; je veille sur tous leurs besoins véritables, mais je ne me prête point à leurs besoins factices qui enflamment & déréglent leur imagination. Ces feux que tu vois partir du flambeau de la vie, vont la porter dans les entrailles cachées de la terre; je tends sans cesse au mouvement, à l'existence, au développement de tous les êtres; ces feux brillans sont autant de germes reproductifs, source intarrissable de joie, de plaisir, de bonheur & d'immortalité. Si je ne fais pas mieux, mon fils, crois qu'il ne m'est pas donné de faire davantage.

Elle me fit signe, & je jettai les yeux sur un verre concave d'une large circonférence, étendu à ses pieds. Quel fut mon ravissement! je pouvois appercevoir à travers ce céleste microscope, toute la terre sous un seul point de vûe; je pouvois en distinguer chaque partie, jusques dans les détails les moins perceptibles. Le genre humain m'offroit ce qu'il est en effet, une seule & même famille;

tous ces petits dards enflammés qui jailliſſoient du flambeau créateur, avoient une activité féconde. Le plaiſir animoit la matiere, & elle croiſſoit à vûe d'œil ſous cette main fortunée. Les plantes, les fleurs, les arbres penchoient l'un vers l'autre leurs tiges amoureuſes & vivantes ; les grands corps ſemés dans l'eſpace, obéiſſoient à ce mouvement univerſel ; les atomes ſe pourſuivoient ; chaque deſir voloit vers ſon aliment ; chaque étincelle enflammoit un objet, & le dévoroit comme ſa proie. Le métal vivifié dans la mine étendoit ſes branches, & les uniſſoit en ſilence ; le caillou le plus dur s'incorporoit à la pierre qu'il faiſoit groſſir ; les oiſeaux aux ailes étendues cherchoient la volupté dans l'azur des cieux ; les habitans des eaux reſſentoient ce feu ſubtil dans leur humide demeure ; & parmi les ſables brûlans, le fier lion, les crins hériſſés, l'œil étincelant, ſuivoit ſa compagne en rugiſſant de plaiſir, tandis que dans le creux des

antres

antres sourds, la tigresse allaitant ses petits ne représentoit qu'une mere soigneuse & tendre.

Cette flamme inépuisable, toujours une & toujours divisée, multiplioit à l'infini l'amas prodigieux des êtres; mais l'excès de cette population, seroit devenu effrayant, si la main de la destruction n'eut arrêté une partie de ce cours intarissable. La Nature gémissoit en voyant la moitié de ses enfans, incessamment sacrifiée à l'autre; elle détournoit les yeux de cette main dévorante qui les précipitoit dans la mort, lorsqu'à peine ils étoient nés; mais fille soumise du Dieu qui l'a créée, elle adoroit sa volonté sans chercher à la comprendre. Les individus se détruisoient, mais l'espece survivoit & sembloit immortelle. Profite, me dit-elle, des instans précieux qui te sont accordés; n'égare point ta vûe sans fruit, sur cette multitude d'objets dont aucun œil humain ne peut embrasser les rapports; arrête-toi sur l'homme, comme sur le plus parfait, mais aussi comme sur le plus singulier de mes enfans; c'est lui qui doit préférablement t'intéresser. Ne diroit-on pas qu'il est le terme & le centre de ce monde, tant il a sû tout assujettir à ses besoins ou à ses plaisirs ? Saisis quelques exemples, car il ne t'est donné que le coup d'œil.

 Je portai mes regards avec rapidité, & je découvris dans de vastes contrées qui nous ont été jusqu'ici inconnues, un sauvage nud, mais libre, se promenant sur la terre, & n'y étant point enchaîné, n'ayant que Dieu & la Nature au-dessus de sa tête, jouissant des biens qui s'offroient à lui sans les analyser, content du présent, & ne se forgeant point dans l'avenir des fantômes imaginaires. Son corps étoit souple & robuste, son œil vif & perçant, son oreille prompte & sûre, & sa démarche avoit une fierté, dont rien ne nous présente l'image dans nos climats dégénérés ; une étincelle du flambeau créateur avoit volé dans son sein. Embrasé de ce feu, il erre fur le fommet d'une montagne; c'eſt là qu'il a prévenu l'aurore; il regarde le ciel, contemple la Nature, & demande à chacun d'eux cette volupté dont ils ont mis le principe brûlant dans fon cœur. En promenant fa vûe avide, impatiente, il découvre dans le fond d'un vallon l'objet qui lui étoit deſtiné; l'éclair eſt moins prompt. Il vole, s'élance en trois bonds; pourſuit à la courſe cette beauté fugitive; il la fatigue bientôt. Laſſe, abattue, elle tombe fur un lit de verdure; il fe précipite dans fes bras, & leur foible reſiſtance annonce les fecrets deſirs dont elle même eſt confumée. Ce n'eſt point le délire de l'imagination qui les unit & les enflamme, ce n'eſt point une paſſion terrible qu'on reconnoît à fes égaremens ou à fes excès; c'eſt plutôt l'énergique & chaſte impulſion de la Nature, qui confomme avec fageſſe le miracle de la reproduction des êtres. Jamais la volupté ne fut plus vive & plus pure; il a dépoſé les feux bienfaiſans de l'amour dans un cœur reconnoissant & sensible. La pudeur de cette beauté mourante ne consiste point dans les grimaces d'une résistance aussi ridicule qu'involontaire, mais dans cette modération qu'avoue le bonheur. Elle jouit sans crainte comme sans remords; on la verra désormais attachée aux pas de celui qu'elle reconnoît pour son vainqueur & son maître. Ce n'est point le lien de l'esclavage qui la captive; c'est le nœud de l'amour & celui du plaisir; ils errent librement sur une terre féconde qui n'est point vendue au démon de la propriété. Le jeune sauvage a plus de grace & de majesté auprès de sa compagne; son œil est plus doux, son front plus serein. Le moment arrive, où il faut rendre avec douleur le fruit d'une union voluptueuse; c'est aux bords d'une fontaine que se passe cette scène attendrissante; elle surmonte toutes les peines d'une mere pour n'en goûter que les plaisirs. Le cœur du sauvage est ému d'un sentiment nouveau & supérieur à tout ce qu'il a encore ressenti; il reçoit son enfant dans ses bras vigoureux; il annonce déjà la force & la santé de son pere, il reconnoît son sang ; & il ne lui sera pas plus possible de s'en détacher, que de renoncer au sentiment intime de cette liberté, qu'il idolâtre, sans savoir qu'il peut la perdre.

Tu vois, me dit la Nature, les enfans qui sont demeurés les plus fideles à mes loix; d'autres bien moins sensés ont voulu réaliser les rêves de leur esprit. Ils ont rougi de leur nudité & de leur bonheur ; ils ont rejetté mes bienfaits, ils ont fait un code bizarre.... Si je les abandonnois à leurs propres loix... Mais, non; l'instinct, leur premier guide, cet instinct qui malgré eux les porte au bien, veille, en dépit de leur orgueilleuse folie, à la conservation de l'espece. Vois comme ils se sont équipés. Il y a quelque chose d'ingénieux dans leur déguisement, car ils ne pechent pas faute d'esprit, mais faute de bon sens. Ils se plaignent de leur condition ; qu'ils n'aceussent qu'eux-mêmes: ils se sont laissés asservir ayant une ame & des bras, parce qu'amoureux de biens frivoles, ils ont dédaigné ma mâle & sévere tempérance; ils n'ont plus sû mourir. Aujourd'hui, ils n'ont d'autre espoir que dans la compassion qu'excite leur indigence......

Je reportai la vûe dans le verre mystérieux, & j'apperçus des hommes policés. Ils se ressembloient presque tous; on ne distinguoit plus leur taille, & tous leurs mouvemens sembloient gênés. La même main qui bâtissoit leur coëffure, formoit l'intérieur de leur tête, & la pensée étoit devenue moins libre que la mode. Ils se croyoient sages, & n'étoient que malheureux. Les deux sexes diversement habillés, marchoient l'un vers l'autre avec une gravité singuliere, se cachoient d'abord avec grand soin l'effet des petites étincelles, se parloient pendant long-tems de toute autre chose que de ce qu'ils vouloient se dire, & après s'être trompés réciproquement, la vanité achevoit l'ouvrage du menſonge. Chacun intéreſſoit de ſon côté d'autres gens, pour qu'ils conſentiſſent à l'union qu'il avoit deſſein de former. On s'aſſembloit, on conſultoit, on peſoit ſcrupuleuſement la fortune, & pour peu qu'elle fut inégale, tout étoit rompu. Souvent pour concluſion, on envoyoit à trois cent lieues de-là demander à Pierre, ſi Jacques pouvoit en ſureté de conſcience s'unir à celle qu'il aimoit: Pierre prenoit de l'argent, & puis écrivoit, oui. Alors, c'étoient des cérémonies ſans fin, on chantoit le matin, on danſoit le ſoir, & on vous laiſſoit ſeuls lorſque ſouvent l'envie en étoit paſſée. Vois, me dit la Nature, au bout de toutes leurs extravagances, les voilà qui reviennent à moi comme ils y reviendront tous; ils mettent bas les habillemens dont ils ſont embarraſſés; mais cette flamme active que je leur envoyai pour leur bonheur, briſée dans ſa direction, n'a plus la même force; elle s'eſt éteinte parmi ces longs débats. J'y perds un enfant fort & vigoureux; je n'ai plus que celui de la gêne & de la contrainte; leur race dépérit, décline en beauté, en vigueur; les ames sont aussi foibles que les corps. A peine sont-ils nés, qu'on leur imprime l'empreinte de l'esclavage. Les bandes, les entraves sont toutes prêtes, & on les y soumet avec une joie triomphante ; à-peu-près comme dans les prisons on fête le nouveau venu, qui vient partager la disgrace commune. Que d'idées chimériques ils se sont forgées ! que leur génie leur a été funeste ! que la raison leur a fait sacrifier de goûts innocens & délicieux ! Les remords importuns, les sombres réflexions, les agitations perpétuelles, voilà l'ouvrage de ces hommes superbes. Il n'y a pas long-tems qu'ils avoient la folie barbare d'écraser à coup de pierre ceux qui, cédant aux traits que je leur inspirois, s'unissoient de concert sans l'avis ni la permission de personne. Aujourd'hui ils se contentent de les tailler ou de les méprifer, en les enviant fecrettement. Ils fe plaifent à exercer les uns fur les autres une tyrannie profonde & cruelle. Ils ont tellement étendu le fil de leurs loix fur toutes les parties de la terre, qu'on rencontre ce fil à chaque pas, & qu'il faut être bien adroit ou bien heureux pour ne le point rompre. C'étoit-là le fecret de faire beaucoup de malhonnêtes gens, & ils l'ont parfaitement perfectionné, en interdifant mille chofes légitimes & innocentes. Puis-je regarder fans frémir, ces ferrails nombreux peuplés d'Eunuques, fombres perfécuteurs des plus parfaites beautés, qui languiffent dans les horreurs d'un défefpoir qui ne finira qu'avec leur vie ! elles attendent d'un defpote pâle, énervé, un foible foulagement qui ne fait que les irriter, tandis qu'un ferrail d'hommes conviendroit bien mieux à chacune d'elles. Dans d'autres climats il est d'autres ferrails, où elles femblent adorer leur joug, où un foupir vers moi eft une impiété, ou dans de longs cantiques elles vantent au Créateur le refus qu'elles font de perpétuer la race des hommes. Il faut qu'elles la jugent bien méchante pour oser penser ainsi. J'ai mon tour; je les châtie cruellement; elles ont beau crier dans leurs couches solitaires arrosées de larmes; ô Nature! Nature! je poursuis mon cours, & leur repentir me venge du mépris qu'elles ont fait de mon pouvoir.

Je n'étends pas moins mon indignation sur ces débauchés qui ne sont soumis qu'à leurs sens, qui brûlent leur imagination dans une poësie lascive. Malheureux! ils ignorent que le plaisir pour être goûté doit être simple, ingénu, facile; ils ne connoîtront que le tourment de l'impuissance; la coupe de la volupté n'est point faite pour leurs lèvres enflammées d'un poison mortel. Je proscris encore ceux qui se font un jeu de déchirer un cœur crédule, & ces corrupteurs infames de l'innocence, & ceux qui font un abus détesté de mes bienfaits, & ces monstres qui outragent mes loix. Je rejette tous ces enfans pervers ; je les accuserai un jour aux yeux du Créateur, & ils seront punis ; car, tout ce qui est excès ne vient point de moi.

Il en est d'autres qui voudroient borner ma fécondité. Faux calculateurs des biens de la Providence, dont ils se méfient, ils osent craindre de mettre au monde un être qui, selon eux, ne trouveroit ni assez de place sur la terre, ni cette terre assez abondante pour le nourrir ! O que les loix qu'ils ont faites sont mauvaises, puisqu'il est si difficile de vivre chez ces hommes réunis en société ! Mais quoiqu'ils ayent tout gâté ; que ne connoissent-ils combien cette spéculation intéressée est outrageante envers moi, & criminelle aux yeux du Créateur ? Tout leur crie : Qui es tu ? comment existes tu ? Est-ce toi qui fais mûrir les présens de la terre ? Ce pepin que tu ensevelis dans son sein, fais-tu par quelle magie il va croître, s'élever quatre fois ta hauteur, te couvrir de son ombrage, te nourrir de ses fruits ? Est-ce toi qui l'as couronné de feuilles ? est-ce toi qui donne la vie ? Qu'as-tu donc à tant spéculer ? Va, marche où la Nature te conduit ; c'est elle qui répond du reste.

Si tu t'étonnes encore de voir régner un ordre aussi admirable parmi ce cahos de fausses opinions & de tristes extravagances, songe que c'est à ma bonté vigilante que cet ordre est dû. Je n'abandonne point mes enfans, quoiqu'ils dressent des autels à la folie; ma tendresse ingénieuse redouble de soins. Je me déguise sous le masque qui les séduit, j'amuse leur foiblesse, j'emprunte leur langage, je me prête à leurs caprices, pour mieux les conduire au but où je veux les mener. Je leur cache jusqu'à mon pouvoir ; je tiens toujours leurs cœurs entre mes mains par ce fil indissoluble, mais j'agis sans violence. J'ai vu qu'ils aimoient les illusions, les ornemens de l'imagination ; je les ai employés pour resserrer leurs chaînes heureuses; j'ai fondu tous les sentimens du cœur humain dans ce penchant primitif, puisqu'ils ne veulent point que leurs plaisirs soient exempts d'alliage. L'estime, l'amitié, l'amour-propre, la vanité, & jusqu'à la fortune, sont venus augmenter le domaine de cette passion. De libre & de folâtre qu'elle étoit, elle est devenue, il est vrai, sérieuse & terrible; l'art n'a fait qu'augmenter son ascendant; elle a produit alors des incendies, mais j'ai préféré quelques désastres à l'anéantissement de l'espèce. Il s'agissoit de la conserver, doublement opprimée sous les fers de la superstition & de la tyrannie. Par mon adresse, son effet invisible a sû braver les regards du plus fier despote, & cette jeune fille timide & modeste, sous le joug de la contrainte, en dit plus à ce jeune homme d'un coup d'œil, que si dans une entiere liberté, elle sautoit à son col, & s'abandonnoit à tous les transports de son amour.

A présent, qu'ils gravent des loix

bizarres sur l'airain & la pierre; que dans leur enthousiasme pompeux, ils croyent me subjuguer; qu'ils entassent préjugés sur préjugés, je me rirai d'eux; je me glisserai toujours parmi leurs jeux, leur badinage, leurs cérémonies. Ils auront beau m'habiller de vingt couleurs différentes, je tirerai le fil secret de leurs cœurs. Cet endroit est mon sanctuaire, j'y régnerai quoiqu'ils fassent; ils ne pourront m'en chasser sans s'anéantir eux-mêmes.

Et crois-tu, sans moi, que cette chaîne solemnelle que viennent de se donner ces deux amans dans un appareil imposant, ne seroit pas rompue aussi tôt que formée, si le plaisir que leur préparent mes mains n'ourdissoit la trame secrette de leur union? c'est la chaîne de la volupté, & non celle des loix, qui maintient leur intelligence, tandis que cette derniere dans son ostentation s'en attribue toute la gloire.

Pendant que la Nature me parloit,

mon œil appliqué fur le verre voſoit d'objets en objets ; je contemplois avec une émotion inexprimable, les effets étonnans de ce flambeau qui vivifioit l'univers. Ces hommes qui ont fait trembler la terre fous le déluge de leurs armes, qui paroiſſoient des Dieux à l'univers épouvanté, les bras rougis de carnage, la foudre dans les mains, tomboient aux genoux d'une beauté timide, abaiſſoient la hauteur inſultante de leurs regards, pour mandier un coup d'œil Tous ces cœurs endurcis aux meurtres, ſoupiroient ; mais quelquefois les vœux des maîtres du monde étoient dédaignés. Un Berger l'emportoit fur un Monarque; la beauté vertueuſe préféroit ſon amant à tous les tréſors ; & la tyrannie des deſpotes confus reculoit à l'aſpect de la barriere invincible où expiroit leur vaſte puiſſance.

Mais, hélas ! lorſque ce feu tomboit ſur des ames perfides, accoutumées au crime, alors la rage évoquoit les furies de l'enfer ; on méditoit les noirs complots; on aiguifoit le fer; on préparoit les poifons; on portoit l'embrafement de la haine & de la vengeance parmi les ténébres paifibles de la nuit; le chaume étoit dévoré, les palais réduits en cendres, & les monumens affreux de la jaloufie épouvantoient ceux mêmes qui les avoient dreffés. O Nature! pourquoi fecoues tu ce flambeau facré fur ces ames féroces & viles? Elle me fit figne, & je vis dans le verre concave les ferpens, les tigres, les pantheres, les infectes gonflés de venin, les animaux les plus affreux, reproduire leurs femblables, dans leurs horribles embraffemens. La Nature détournoit fon augufte vifage, & gardoit un profond filence.

Et cependant toutes les actions courageufes, toutes les productions du génie, avoient pour principe ce feu vivifiant; il accéléroit les progrès de l'ame, il aggrandiffoit le cercle des idées, il faifoit parcourir avec une rapidité furprenante une carriere, où l'on n'auroit fait que ramper pefamment fans ce noble aiguillon. Tous les facrifices qui tiennent à l'héroïfme, lui étoient familiers; toutes les entreprifes élevées lui étoient naturelles, & dans l'univers, il n'étoit point de plus beau fpectacle, qu'un cœur vertueux échauffé de cette flamme divine. Toutes les vertus de la fociété naiffoient de ce fentiment précieux, comme d'une fource épurée. Alors elle n'avoit plus cette activité turbulente qui la rend funefte; elle étoit douce, modérée, & elle anéantiffoit les peines de la vie, pour laiffer régner à leur place cette fatisfaction intérieure, le plus fûr gage du bonheur.

Mais ce qui me plaifoit fur-tout, c'étoit de voir cette égalité primitive des hommes, reprendre dans les pays les plus civilifés fes droits antiques; les Rois defcendoient du trône, & mettoient bas le fceptre, la couronne & le manteau royal. Les dignités de toute efpece n'étoient plus regardées que comme un fardeau gênant qui nuifoit aux embraffemens de la volupté. Les thiares, les diadêmes, les mitres, les fimarres, les cafques, les mortiers, giffoient épars, & étoient fouvent foulés aux pieds dans une impatience amoureufe; & je me difois: Ils viennent tous nuds au monde, ils rentreront tous nuds dans la terre; ils quittent tout ornement étranger pour fe livrer aux infpirations fecrettes de la Nature, & vous ne feriez pas tous égaux, ô mortels! Ah! cet appareil momentané dont quelques-uns d'entre vous fe décorent, ne font que les livrées de la folie, qu'ils dépofent fagement lorfqu'ils veulent être heureux.

Je ne concevois pas comment ils pouvoient reprendre ce mafque incommode, importun, qu'ils venoient d'ôter avec tant de délices; mais l'habitude leur rendoit ce devoir indifpenfable, & ils étoient contraints de conferver par orgueil ce qu'ils avoient adopté dans leur premier délire; mais leur injuftice alloit jufqu'à accuser la Nature des entraves qu'ils s'étoient donnés eux-mêmes, tandis qu'elle ne tendoit qu'à supprimer les obstacles qui nuisoient à leur félicité.

Alors la Volupté au visage riant, à la démarche aisée, s'avança vers la Nature, qui étoit sa mere. Elle reconnut sa fille à son œil chaste, à son front coloré d'une vive pudeur ; elle lui donna en ma présence une coupe d'or, & lui dit : Allez parmi les hommes, qu'ils puisent le plaisir dans votre coupe enchanteresse, qu'ils se désaltèrent, mais qu'ils ne s'enivrent pas. L'orgueilleuse ambition sera elle-même votre esclave, & plût au ciel qu'elle demeurât toujours enchaînée à votre char ! La Volupté descendit sur la terre, & l'homme brava tous les maux pour se reposer un instant dans ses bras. Ce fut pour elle qu'il apprit à combattre, à triompher ou à mourir. Il cueillit des lauriers épineux pour obtenir un sourire de ses lévres ; & qui pouvoit résister aux attraits de cette aimable souveraine ?

mais pourquoi vouloir y réfifter? Tout étoit engourdi dans le monde, fi par un rayon du plaifir, elle n'y portoit le mouvement & la vie. Ame des êtres animés, elle repouffoit inceffamment la main abforbante de la mort; c'eft elle qui entretenoit l'immenfe création. Le farouche mifanthrope pourfuivoit fon image dans les rêveries de fa noire mélancolie. Il verfoit des larmes, & blafphémoit en l'adorant cette Reine de l'univers. Une voix douce fit entendre ces mots dans les airs : Mortels, ne combattez point fes douces amorces, elles tiennent aux fens de l'homme, à fon intime & profonde exiftence : avouez, fages atrabilaires, avouez que fon miel eft doux. Ce que la Nature aime eft néceffairement bon; le plaifir eft le baume de la vie, le plaifir éleve dans le cœur un fentiment de reconnoiffance pour l'Auteur de l'univers; les cantiques de la raifon font froids, mais lorfque le cœur les féconde & les colore, alors ils font brûlans, ils percent la voûte des cieux, ils portent l'encens d'un digne hommage aux pieds majestueux de l'Éternel. Aimable & sublime législatrice, douce Volupté ! commande, mais ne sois pas tyrannique ! Que tes loix gracieuses n'enfantent point l'ivresse, mais un sentiment réfléchi. Tu n'es pas descendue des cieux sur la terre pour abrutir l'homme, mais pour l'annoblir; ne viole point ta fin glorieuse; tu te détruirois de tes mains, & tu deviendrois ton propre bourreau. Cette voix étoit celle de la Modération; elle embrassa la Volupté, & la Volupté me parut plus radieuse. Je la vis dans cette paisible & parfaite jouissance qui est sans trouble, sans inquiétude, sans emportement ; le plaisir n'étoit plus ce mouvement machinal qui fatigue les sens plus qu'il ne les satisfait; il étoit aussi durable que modéré ; son ivresse tranquille ne transportant point l'ame, n'empêchoit pas ses sublimes fonctions, & aucune loi n'étant violée, la Nature répandoit ses largesses dans l'ame heureuse qui l'avoit respectée.

O tendre, ô soigneuse mere, m'écriai-je tout à coup en reculant d'horreur! quel horrible revers! que vois-je? quelles sont ces flammes livides qui tombent de ton flambeau? comment osent-elles se mêler & ternir l'éclat des flammes brillantes de la Volupté! Nature! que ta beauté est flétrie! ciel! que de malheureux périssent en se livrant à leur ardeur! cette flamme impure sort-elle des gouffres infernaux? elle en porte avec elle tous les tourmens. L'homme atteint de cette vapeur empoisonnée, abhorre son existence, la perpétue avec horreur, & transmet son désespoir dans toute sa race infortunée ; il frissonne en embrassant le plaisir, & il y cede pour son malheur. Comment oses tu couronner son ouvrage, & donner la vie à des innocens qui, un jour, maudiront justement & leur pere & toi? Je vois l'adolescent dans l'âge de l'imprudence, de la fougue & du plaisir, réceler à son insû ce poison dans ses veines; il le communique innocemment à sa tendre amante; ils périssent dans la fleur de leurs beaux jours; ils meurent dans des supplices solitaires, & le poids de la honte vient aggraver celui de la douleur. Il est d'autres fléaux, mais du moins, la peste s'annonce, & n'a qu'un cours passager; la famine présente quelques ressources, & n'anéantit point l'espoir; l'incendie de la guerre s'arrête; les volcans tonnent avant de vomir leurs feux; celui-ci plus épouvantable, semble immortel; il s'est répandu sur toute la terre sous l'appât perfide de la volupté. Feu dévorant & caché, il mine la race entière des hommes; il l'infecte en silence d'un venin horrible; il détruit le plaisir qui est plus que la vie; il corrompt le seul bien consolateur mêlé à la foule de nos maux; il frappe l'innocence, & dans elle, les générations futures. Nous serions trop heureux, s'il ouvroit tout à coup les abymes de la mort;

mais, non, le pur lait que tu diſtilles ſe tourne dans ton propre ſein, en un poiſon lent, & tes mammelles ne ceſſent d'abreuver tes enfans de ce breuvage homicide & douloureux.

Mon fils! me répondit la Nature, n'inſulte pas aux plaies dont je ſuis couverte, & dont je gémis la premiere. Dieu, a permis au mal d'épancher ſon amertume dans mon ſein, & je le ſentis en même tems déchiré en pluſieurs endroits par les dents aigues de ce bourreau renaiſſant. J'avois caché cette peſte dans des iſles preſque inacceſſibles; l'imprudente audace des hommes à tout franchi. Que je fus conſternée, lorſque je vis l'avide Européen porter la déſolation au ſein de l'Amérique, & dans ce même ſang innocent qu'il avoit verſé par torrens, voulant tranſmettre ſon ſang barbare! Il en fut puni, & l'Amérique eſt vengée. Les progrès de la contagion furent auſſi rapides qu'affreux; je me crus perdue, & j'élevai mes regards vers ce ſéjour,

où

où la Justice sévere & la miséricorde souriante, les bras entrelacés, soutiennent ensemble le trône de l'Éternel dans tout l'éclat de sa majesté ; il daigna faire signe à l'Espérance, & cette avant-couriere du bonheur vint, me soutint dans ses bras, & le baume de ses paroles entra dans mes blessures. Fille sensible de l'Etre éternel, me dit-elle, confie-toi entierement en sa clémence ; le plan du Créateur est vaste, & il ne t'est pas permis de tout connoître ; la soumission & le courage, voilà tes devoirs & tes vertus. Si le fer brûlant de la douleur purifie ta chair, c'est l'opération d'un instant ; elle se réduit à une minutte imperceptible, en comparaison des siécles qui doivent s'écouler. Tu es devant Dieu, ô Nature ! comme un enfant est devant sa mere ; elle semble quelquefois l'abandonner un moment pour voir de quel côté il tournera la tête ; mais s'il sourit, s'il étend vers elle ses foibles bras, comme vers son unique asyle ; alors elle court le re-

II. Partie. O

prendre dans ses bras maternels, elle le presse avec plus d'amour contre son sein ; elle l'appelle à jamais son cher fils, son fils bien aimé, qui l'a reconnue, qui lui a souri tendrement & avec confiance.

Encore un instant, te dis-je, & tu seras initiée dans tous les secrets de l'Etre suprême, & tu liras le plan de la création dans son sein lumineux, & tu ne trouveras plus ni d'ombres, ni de nuages, & tu saisiras Dieu lui-même. Le mal physique est le marteau qui frappe sur l'éternité, pour en faire jaillir la source du bien moral... Un bruit discordant & plaintif me réveilla tout à coup ; il partoit de la chambre voisine, où j'avois laissé ces amans malheureux, dont l'aventure m'avoit si vivement intéressé la veille. J'accours. Quelle scène terrible & touchante ! un homme enflammé de fureur, & que je reconnus pour le pere de cette jeune femme, vouloit l'étrangler de ses mains ; son amant le retenoit d'un bras vigoureux, & sembloit, en le ménageant, le contenir de toute sa force. Tour-à-tour, il prioit & combattoit ; il paroissoit à la fois & le dieu protecteur de cette femme éplorée, & un fils suppliant & soumis. Toute la maison étoit accourue au bruit ; plusieurs gens qu'échauffoit la voix de ce pere furieux s'efforçoient de se rendre maîtres du jeune homme, tandis que les autres spectateurs, émus, attendris, prenoient sa défense. Cependant aux ordres d'un Exempt muni d'un pouvoir redoutable, & qu'il fit connoître, au front courroucé d'un pere qui réclamoit les droits qu'il avoit sur sa fille, tout céda; la force eut son effet. On sépara les deux amans qui se tenoient étroitement embrassés. Je les vis tomber du comble du desespoir dans le silence morne de la douleur : ils paroissoient anéantis, & comme deux victimes qu'on va traîner au supplice.

J'apperçus l'enfant nouveau né à demi éveillé par ce tumulte, & qui se débattoit dans son berceau. Encore agité de mon songe, & plein de l'image de la Nature, un mouvement extraordinaire m'inspire. Tout à coup, je prends cet enfant dans mes bras, & le présentant à ce pere inflexible: Monsieur, lui dis-je, d'une voix ferme, voici un enfant qui a besoin d'un pere; c'est votre sang qui fait palpiter son jeune cœur, & ce cœur doit un jour bénir celui qui aura pris soin de sa foiblesse, ou détester celui qui l'aura abandonné. Voilà celui dans qui vous devez revivre, & dont la voix fera un jour ou votre gloire ou votre opprobre. Voyez cet innocent que votre barbarie veut priver de tout; voulez-vous qu'il vous maudisse! Le crime de votre fille est d'avoir cédé à un mouvement qui vous a maîtrisé vous-même plus d'une fois, & que vous n'avez pû dompter. Elle a mis au monde sans votre aveu, peut-être sans le sien, un fils qui ne doit point être coupable à vos yeux; il ne tient qu'à vous de réparer cette faute, & de légitimer ce fils qui doit vous chérir & vous respecter. Des préjugés cruels vous feront-ils sacrifier ce que vous avez de plus cher dans le monde ? quant à ce jeune homme, il aime, il est aimé ; il vous offre une main vertueuse ; quelles richesses demandez-vous donc ? Ah ! le sourire de cet enfant, avouez-le, a plus de charme & de valeur qu'un triste monceau d'or. Sa mere est votre fille ; c'est un cœur nouveau que vous acquérez. Quel autre titre doit porter le pere de cet enfant que celui de son époux ? il le mérite, puisqu'il en a rempli les devoirs ; estimez son courage, & cette ame sensible & fiere qui vous aime malgré vos rigueurs.

Ce pere encore plus frappé de l'aspect de cet enfant que de mon discours, restoit immobile en le contemplant. Il étoit plus d'à moitié développé de ses langes ; & soit l'effet du moment ou d'un heureux hazard, il fixoit son ayeul avec la même douceur qu'il fixoit sa mere. Il lui tendoit même en souriant deux petites mains innocentes. Je me hazardai à le remettre dans ses bras. Voilà son asyle, m'écriai-je, il est dans le sein de la Nature, il n'en sortira pas! ce sein ne se fermera point à ses pleurs. Ah! pourroit-il le rebuter? Son visage commençoit déjà à trahir l'émotion de son cœur; il s'efforçoit vainement de la déguiser. Dans ce premier trouble, il ne put s'empêcher d'approcher cet enfant de sa bouche, & de le baiser. La mere désolée, attentive à tous ces mouvemens, saisit cet instant; elle se jetta à ses pieds, & d'une main soutenant son enfant, le pressant contre le visage d'un pere, elle prit sa main de l'autre, & l'arrosa d'un torrent de larmes. Le jeune homme, quoiqu'un peu éloigné, mit lui-même un genou en terre, & moi debout, les yeux humides, les bras étendus, j'excitois ce pere déjà ébranlé, à la pitié & à la commisération. Il ne tarda pas à porter une main à ses yeux pour en essuyer une larme;

& gardant un silence qui préſageoit quelque grand événement : Tu m'as vaincu, dit-il tout à coup à ſa fille; je ne m'attendois pas à ce coup de tonnerre. Il vient du Ciel ; c'eſt lui qui conduit tout; qu'il ſoit béni à jamais. Leve-toi, je n'ai plus de courroux, je te pardonne, & je ſens que mes larmes ſe mêlent aux tiennes.... Cet enfant.... Ah !... Laiſſe-moi, tu m'attendris trop.... Prends ton fils, il devient le mien... Aimez-moi tous les deux. Il dit ; & baiſant cet enfant avec un nouveau tranſport, il le remit dans les bras de ſa mere. Alors le jeune homme oſa s'avancer, prendre ſa main, & la baiſer d'un air reſpectueux; & moi cédant à la force du moment, je tombai à ſes genoux, comme ſi j'euſſe été ſon propre fils, comme s'il m'eût accordé ma grace. Il ne nous releva point ; il pleura long-tems, il pleura abondamment, ſe cachant le viſage, retournant par intervalle au berceau de l'enfant qu'il conſidéroit avec des yeux étonnés, attendris; & tous les témoins de cette scène, interdits & touchés, étoient livrés aux divers mouvemens de la surprise, de la tendresse, & de la joie.

L'amour & la reconnoissance ne se manifesterent jamais par des expressions plus vives & plus touchantes; autant la fureur éclatoit une heure auparavant, autant le triomphe de la Nature victorieuse étoit paisible & attendrissant. Ce pere si dur, si inflexible, paroissoit honteux des excès où il s'étoit livré ; sa confusion entre un fils, une fille & un petit-fils, formoit un tableau qui demanderoit un autre pinceau que le mien. Ce fut ainsi que le geste d'un enfant innocent, désarma la colere d'un homme irrité, & que tout autre auroit tenté vainement de fléchir. O Nature! ô Nature, disois-je tout bas, voilà de tes jeux; tu as tiré le fil secret qui unit le cœur de tous tes enfans, & tes enfans t'ont obéi! Il faut revenir à toi pour être sensible, pour être humain, pour être heureux. Le pere ne pouvoit raſſaſier ſa vûe de cet enfant chéri, qui avoit fait tomber toute ſa fureur; il revenoit vingt fois le careſſer; le cœur d'une mere jouiſſoit de ce ſpectacle, & n'en perdoit pas une circonſtance. Il ſe promettoit déjà le plaiſir de le préſenter à toute ſa famille. La mere eſſuyoit ſes larmes, mais celles-ci étoient d'allégreſſe. Le jeune homme vint m'embraſſer en ſilence; & moi ſatisfait de la victoire de la Nature, je partis, emportant le plaiſir délicieux d'avoir vu tout changer au gré de leurs vœux & des miens.

SONGE NEUVIEME.

De la Fortune & de la Gloire.

LE sceptre de Morphée avoit touché mes paupieres; les noirs soucis, les inquiétudes voltigeoient loin de moi. Tout, jusques à mon amour, goûtoit avec mon cœur les charmes du repos. Tout à coup un peuple de fantômes vient frapper mon imagination, mais bientôt elle démêle un systême régulier dans cette scène tumultueuse, & tel est le tableau fidele que ma mémoire en a conservé... Je me trouvois dans un temple rempli d'un peuple immense; j'entendois de tout côté ces mots: Elle va paroître... la voilà..... non.... oui.... c'est elle.... non. On alloit, on venoit, on se coudoyoit. Hommes & femmes, jeunes & vieux, magistrats & gens de guerre, artisans, citoyens, étrangers, tout étoit en mouvement, comme en confusion. Tout à coup, ce ne fut qu'un cri. Je tournai la tête, & je vis une femme nue, un bandeau sur les yeux; elle avoit un pied sur une roue qui tournoit avec une rapidité inconcevable; dessous on lisoit cette inscription; *A la Souveraine de l'univers.* Aussi-tôt toutes les bienséances furent anéanties; on se heurtoit sans ménagement, & moi-même entraîné dans la foule, j'étois forcé d'obéir à son énorme impulsion. On crioit à mes oreilles, à moi, à moi, à votre plus fidele serviteur, à votre esclave. O Déesse, regardez-moi, je rampe, je flatte, je sers depuis dix ans; & tous les visages m'offroient alors quelque chose d'avide, de dur & de rebutant. On fouloit aux pieds sans misericorde ceux qui étoient tombés. Cependant des piéces d'or pleuvoient de toute part; il suffisoit d'en ramasser une pour être riche; elle se multiplioit dans la main de celui qui la possédoit, mais personne ne se contentoit d'une seule.

Les uns se plaignoient des rigueurs de la Déesse, les autres sembloient puiser une nouvelle fureur, dès qu'ils avoient obtenu quelque bienfait; mais elle, sans s'embarrasser ni de leurs éloges, ni de leurs reproches, ni de leurs clameurs, distribuoit toujours en tournant, les dons divers qu'elle avoit à faire à cette foule empressée. La plupart étoient trompeurs. Celui-ci croit ramasser un trésor, & n'amasse que le goût des chimeres & de la prodigalité; celui-là en se bâtissant un palais, se prépare le poison que lui destine son avide héritier. Au flux & reflux continuel qui me pressoit, je n'avois rien de plus précieux à desirer que de sauver ma fragile existence. Tandis qu'une joie folle éclatoit à ma droite, des larmes de rage couloient à ma gauche. Ni la beauté, ni les mœurs, ni l'esprit, n'attiroient l'attention de l'aveugle Déesse. Le plus fort, le plus adroit, ou, pour mieux dire, le plus fourbe, ravissoit ses présens. Chacun élevoit en l'air un morceau de papier qui contenoit ſes demandes ; c'étoient autant de placets. J'en lûs pluſieurs ; le premier portoit : O Déeſſe ! je n'ai que cent mille livres de rente, comment voulez-vous que je vive ; je dépenſe cela en porcelaines & en magots ; ô vous, qui faites les heureux du ſiécle, permettez ſeulement que j'affame une Province, & mes affaires iront bien. Un autre diſoit : Déeſſe ! un homme de ma naiſſance & de mon rang devroit-il ſe trouver dans cette bagarre ! ne ſeroit-ce point à vous à venir au-devant de moi ! & à quoi ſervent les loix, ſi ce n'eſt à m'aſſurer en paix l'oiſive opulence qu'il eſt de ma grandeur de prodiguer à ceux qui ſauront flatter mes caprices ! Celui d'une jeune fille s'énonçoit ainſi : ô Déeſſe, un amant, quand même il ne devroit pas être mon mari, ou un mari, quand même il ne devroit pas être mon amant ! Celui d'un Poëte : Vous qui tenez le Dieu Plutus aſſis ſur vos genoux, & qui le careſſez familierement, je ne demande point que vous lui difiez quelque chofe en ma faveur; faites feulement marcher la perfuafion, votre compagne fidelle, & ce petit amour aîlé qui ne vous abandonne point; que je trouve grace devant les Hiftrions & les Laïs, dont l'infolente ignorance n'a plus de bornes; que ma piéce foit jouée & applaudie, afin que feulement deux ou trois de mes confreres en crevent de dépit: ô Fortune! vous préfidez plus que toute autre Déeffe aux repréfentations nouvelles; faites luire fur ma tête, dans ce jour terrible, la bénigne influence de votre étoile.

Un autre. Je fuis arrivé, ô Déeffe, des rives de la Garonne, dans la Ville du monde la plus floriffante, celle où l'on s'intrigue le plus, où l'on s'agite davantage, où l'on employe toutes fortes de moyens pour s'avancer & s'enrichir, où régnent les vices les plus éclatans, &, ce qui eft plus aimable encore, l'art de les faire chérir ou eftimer; j'ai eu toute l'effronterie possible, j'ai menti comme on ne ment pas; j'ai incessamment parlé de moi, j'ai relevé mon frêle mérite avec toute l'adresse imaginable; hélas! je n'ai point réussi : ô Déesse! n'est-il plus de sots, n'est-il plus de dupes dans cette Ville immense! & s'il y a quelques gens sensés qui devinent les fripons au premier coup d'œil, par quelle fatalité les ai-je rencontrés? je serois donc le premier de ma race & de mon pays à qui l'impudence n'aura servi de rien!

Un autre encore. Mon protecteur me promene & me joue depuis quinze ans, ô sourde Déesse! je le méprise, mais je ne manque pas une seule audience où je le loue en face; je me charge des commissions les plus affligeantes & les plus onéreuses; je lui dédie mes livres; je mange à sa table tant qu'il y a un couvert de reste; je me fais aussi petit qu'il s'imagine être grand; que faire donc! je n'ai ni femme, ni fille, ni sœur, ni niéce, ni cousine : ô Déesse! tire une parente de ma côte, & que le barbare s'attendrisse !

Le dernier disoit : Je voudrois échanger mon honneur, mon nom, & ma probité, contre un peu d'argent, & je ne trouve personne pour m'en débarrasser. Ma foi, si cela continue, je serai obligé de garder mon nom, mon honneur, & ma probité.

Tous ces placets que soulevoient tant de mains suppliantes, étoient tous aussi fous, aussi bas, aussi extravagans ; ils contenoient des plaintes outrées, des vœux chimériques, des projets bizarres. Tout à coup un homme surchargé de dorure, dit en se retirant de la foule : Messieurs les mal adroits, écoutez ; j'ai fait mes affaires, suivez-moi ; soyez mes humbles complaisans. Je tiens table ouverte, parce que cela m'amuse ; quiconque voudra venir manger sera bien venu, soit qu'il m'amuse, soit même qu'il ne m'amuse pas ; entendez vous ? Aussi-tôt le personnage fut entouré ; curieux, je suivis la foule, & nous entrâmes chez Mirmon; c'étoit un palais où le goût le difputoit à la magnificence; le travail des ameublemens étoit exquis, & le luxe y étoit recherché. D'un côté le génie déployoit fur la toile, ce qu'il a de plus majeftueux & de plus tendre; de l'autre le grotefque étaloit fes bambochades, & fes autres inventions modernes. Le nombre des efclaves égaloit les caprices du maître; pour lui, enivré de fon opulence, il fe regardoit comme un des premiers citoyens; il rappelloit fouvent l'obfcurité de fon origine; mais (qui le croiroit) par un fentiment d'orgueil. Quel chemin, j'ai fait difoit-il; cela n'arrive qu'à ceux qui, comme moi, ont le talent de s'élever. Les fots demeurent l'œil étonné, la bouche béante; l'homme qui connoît le local, perce & rompt toutes les digues. On l'envie, & c'eft un hommage qu'on rend à fon adreffe. Un flatteur parafite lui répondoit: Dans tous les lieux, on ne vante que votre bon goût, l'arrangement de votre maison, la delicatesse de votre table; tout le monde applaudit aux talens supérieurs qui vous distinguent du reste des mortels, & c'est à vous de jouir de cette fortune qui, en soulevant le coin de son bandeau, vous a apperçu dans la foule, & a récompensé votre prodigieux mérite.

A table, enflé des louanges qu'il recevoit, il parloit de tout, & se piquoit, non-seulement d'aimer passionnément les beaux Arts, mais encore de s'y connoître. J'y aurois infailliblement excellé, si je m'y étois appliqué, disoit-il d'un ton presque convaincant; mais j'ai choisi le parti solide, & je n'ai point lieu de m'en repentir. Actuellement je puis m'ouvrir une autre carriere; quand on a sû prendre les voies les plus fines, les plus ingénieuses pour s'enrichir, on n'est pas, je crois, mal habile à trouver les routes du Parnasse. D'une voix unanime, chacun lui protestoit qu'il ne tenoit qu'à lui d'être poëte, musicien, peintre, graveur, architecte, traducteur, comédien, enfin tout ce qu'il voudroit être, aussi parfaitement qu'il avoit été excellent monopoleur.

Je sortis; & guidé une seconde fois par une invincible curiosité, je rentrai dans le temple, mais je m'arrêtai sous le portique, ne voulant observer que de loin le tumulte effroyable que faisoient les intéressés. J'apperçus un homme d'un extérieur simple, d'un port noble & ouvert ; il ne songeoit pas à se mêler parmi la foule ; au contraire, appuyé sur une colonne, il regardoit d'un œil triste ces combats odieux; il disoit en soupirant, & par intervalle: Quelle race méprisable! quelle multitude dévouée au plus vil esclavage! ces malheureux ne connoissent d'autre divinité que la Fortune; voyez cet empressement, ces passions furieuses; elles n'ont jamais été si vives pour la gloire ou pour la vertu. On voit jusqu'aux ministres des autels, abandonner leurs demeures tranquilles, & les philosophes, les hautes spéculations de leur cabinet: on n'a que du mépris pour la fageſſe, on préfere les richeſſes au mérite & aux talens. Tout décroît, tout s'efface, tout annonce une ruine prochaine. Les ames n'ont ni force, ni aſſiette, ni vigueur; la vie morale des États dépérit & s'éteint. Le Pontife du temple de la Fortune, le front orné de ſa thiare, qui ſe promenoit alors, entendit ces mots: il étoit ſuperbement vêtu, ſes doigts étoient chargés de bagues, ſes habits étoient couverts de diamans. Il répondit à l'inconnu avec ce ton léger qui convenoit à ſon extérieur : C'eſt bien dommage, Monſieur le frondeur, mais cela eſt ainſi ; les hommes ſont ridicules, extravagans, foibles, malheureux ; ils ſont nés tels ; conſidérez l'homme en détail, ſon entendement eſt obſcurci par mille erreurs ; il commence à ſe tromper dès qu'il commence à penſer; pourquoi? parce qu'il a trouvé l'ordre naturel des choſes renverſé. Le gage de tous les biens s'eſt trouvé fixé dans un métal jaune ;

il le poursuit avidement comme l'échange de tou[s] les plaisirs; l'homme veut être abs[olume]nent heureux, il ne sait pas, selo[n] vous, en quoi consiste le bonheur; d'accord, il l'a bonnement placé à embellir sa retraite, à y répandre l'abondance, & toutes les commodités de la vie, à jouir de toutes les sensations que lui apporte en foule la Nature obéissante au pouvoir de l'or. Il est déraisonnable de penser ainsi, je l'avoue; il a tort d'être sensible, & d'aimer la volupté; plaignons-le de ce goût infortuné.- Quoi! reprit l'autre, peu de chose lui suffira; ses besoins seront bornés; il n'aura qu'un estomac & qu'un instant à vivre, & il ne pourra connoître la modération, la tempérance, l'équité; il obéira à toutes les sensations capricieuses que lui dicteront les saillies d'une imagination enflammée; il sacrifiera, s'il le faut, l'univers entier pour le chatouillement agréable d'une fibre. Non, une injustice si criante & si cruelle ne peut être autorisée que par ceux qui en font les complices. Si mon bras ne peut abattre ces coloſſes d'orgueil & d'inhumanité, ma voix les maudira. Miſérable Fortune, ſois maudite à jamais ! - Elle eſt au-deſſus du murmure des hommes, répondit paiſiblement le Pontife ; il faut que le reſſort qui fait mouvoir le monde moral ait tout le jeu, d'où dépendent ſa force, ſa durée, & ſon éclat. Il faut que la ſociété, qui n'eſt qu'une fermentation perpétuelle, pour ne pas tomber dans un état d'inertie, éprouve cette ſecouſſe vive qui ſe communique à ſes membres, & leur procure la chaleur & la vie. Cette inégalité, qui vous ſemble monſtrueuſe, eſt le principe actif des êtres ; ce ſont les plus viles paſſions qui fécondent le riche tableau de l'univers. Parmi les combinaiſons infinies d'Etres qui exiſtent, il en doit exiſter de toutes les ſortes. L'animal hideux bourſouflé d'un venin livide occupe ſa place, & dans la fange ne ſauroit être l'aigle fier qui s'éleve dans la pure région des airs. - Vous ne me prouverez jamais, qu'il faille que des millions d'hommes rampent dans l'obscure misere, pour nourrir le luxe scandaleux des favoris de votre indigne Déesse; cœurs barbares & aveuglés qui ne jouissent pas même de ce qu'ils ravissent à l'indigence! Ces hommes cruels ne se réconcilieront jamais avec l'auguste morale, avec cette morale touchante, éternelle, qui dans tous les tems, les condamnera, & vengera les torts faits à la foiblesse par ces tyrans qui demain vont rentrer dans la poudre & dans l'ignominie. Mais, si l'or & l'argent sont en effet la source du bonheur, pourquoi ne sont-ils pas la récompense du bon esprit, de la vertu, de l'honneur, de la probité? Pourquoi la pauvreté & l'obscurité sont-elles le partage des gens de bien & de mérite? - Eh! d'après votre aveu, n'ont-ils pas reçu des dons plus précieux? peuvent-ils, doivent-ils tout avoir? Et dans l'état actuel des choses, n'êtes-vous pas heureux que des hommes avides courent les mers, & s'exposent à des périls sans nombre, pour enrichir la patrie des tréfors d'un nouveau monde ? ne jouiffez-vous pas vous-même d'une portion de ces biens, & n'en jouiffez-vous pas autant qu'eux ? Ils ont des monceaux d'or! mais avez-vous compté toutes les peines qu'ils ont effuyées ? fans un aveuglement furnaturel, auroient-ils fait un pas, fe feroient-ils fatigués dans l'efpoir incertain de fe repofer ? Un Criton fe charge de l'approvifionnement de nos magafins en tems de guerre, il fe dévoue volontairement à l'indignation publique pour le plaifir d'élever un palais; l'autre fe rend monopoleur, prend en main tous les deniers publics, s'en rend dépofitaire, au rifque de voir le glaive de Thémis s'appefantir un jour fur fa tête ; & tous ces foins, ces embarras, pour fe procurer une opulence enviée, méprifée, & trop fouvent dangereufe. Je crois qu'un philofophe devroit encore les remercier;

car

car enfin, dans une situation extrême, l'État a eu grand besoin de leur activité; l'État étoit perdu, sans doute, s'il n'y avoit eu alors que des gens paisibles & modérés. Otez les moyens de fortune, le patriotisme est un mot vuide de sens, l'émulation & l'industrie cesseront entierement; l'opulence entre donc dans l'ordre politique, qui, lui même, est une nuance de l'ordre universel. La carriere est ouverte à tous, & les efforts hardis sont presque toujours couronnés. Ces excès seront condamnables dans la théorie d'un Empire parfaitement policé; mais où existe-t-il? Remue-t-on la matiere morte sans levier? les Nations n'ont-elles pas besoin d'un levain, qui, poison par lui-même, étend leur sphere, sert à la circulation, leur donne une sorte de vie & de mouvement? & si le bien qu'il produit est mélangé de mal, quel est l'ordre de choses où ces élémens opposés ne se rencontrent pas. Au figuré comme au physique; rien ne prépare

II. Partie.   P

plus la corruption des choses, que cet état paisible qu'on nomme égalité, & qui annonce la mort de la République. - Vous avez des idées & des raisons de gouvernement & de police, que je n'ai pas; mais je connois quelque chose d'antérieur aux gouvernemens; c'est la justice, l'honneur, la probité; car, vous l'avouerez, la cupidité rompt aisément les liens que ces vertus imposent aux hommes; & l'exemple de ceux qui se plongent dans le luxe sera contagieux. Que deviendront alors ces appuis sacrés du genre humain? - Ces vertus brilleront d'un nouvel éclat, & quand il n'y auroit que la foule des mécontens pour les admirer! - L'inhumaine avarice plaisante quelquefois, mais toujours bassement. S'il est permis de se procurer le nécessaire, autant est-on vil & coupable en recherchant le superflu, si ce n'est pour le répandre aussi-tôt; en causant la misere des peuples, on se rend digne de leur mépris. Il ne faut qu'écouter la voix de la Nation, pour entendre son arrêt. Le premier devoir de l'homme est de reconnoître les bornes qu'il doit assigner à ses desirs. - Les impulsions du cœur humain sont comme celles de la Nature, elles sont fortes & rapides; & pour mieux frapper le but, elle le passe quelquefois. Foible & risible vertu, raison encore plus foible, vous n'avez jamais eu la force de résister à l'appas séduisant des richesses: à leur approche votre faste tombe, les desirs reprennent leur cours avec plus de véhémence; ils avoient été suspendus, parce que rien ne déterminoit leur pente, mais il étoit contre leur nature de remonter vers leur source; d'ailleurs la cupidité réciproque des hommes, leur sert mutuellement de poids & d'équilibre, & s'il est rompu, il ne tarde gueres à se réparer. Tous les mortels sont égaux aux yeux de la Fortune, voilà pourquoi elle distribue au hazard ses bienfaits. De deux hommes courageux l'un monte sur le trône, l'autre sur l'échafaud; elle les voit du même œil régner ou mourir dans les tortures. Si les hommes vertueux, si les hommes de génie la rechercboient, elle récompenseroit, sans doute, leur assiduité; mais il faut toujours un peu mériter la Fortune, & il est plus doux de s'emporter contre elle, que de ployer sous cette Déesse, qui, reine du genre humain, a le droit de le traiter à son gré. Quoi! vous ne connoissez pas même la fierté attachée à la vertu, sachez qu'elle ne sait rien demander; que solliciter avec éclat est un avilissement qui l'outrage. Contente de sa médiocrité, elle ne vient point grossir une cour profane; son bonheur est dans l'accomplissement de ses devoirs; ils lui sont plus chers que toutes les richesses qu'elle pourroit acquérir; elle connoît cette paix qui accompagne la modération des desirs; elle sait jouir, mais elle sait aussi supporter la privation sans murmurer. Si les récompenses que la Fortune accorde étoient proportionnées au tems que l'on a employé, aux soins qu'on s'est donné, & sur-tout aux vrais services rendus à la patrie, alors je serois le premier à fléchir les genoux devant cette divinité juste. - Je vois que des idées d'une perfection chimérique vous dominent; la Nature, je le répete, nous donne des desirs sans bornes. - C'est à nous, s'il est vrai, de rectifier les désordres de la Nature. - Eh! le pouvons-nous? - Je le crois. - Mais, du moins, la Fortune n'est-elle pas un moyen pour obliger, & à ce seul titre, ne devroit-elle pas être chere au philosophe. - Celui qui ne sait obliger qu'avec de l'or, n'obligera jamais : les mortels les plus indigens sont ceux qui rendent à leurs semblables les plus grands services. Le cœur s'endurcit dès qu'il se voit indépendant des calamités générales; c'est un homme dans le port qui contemple un vaisseau battu par l'orage; ce n'est pour lui qu'un spectacle. Je veux être pauvre par goût, pour conserver plus sûrement ma sensibilité &

ma vertu. - Je vois que nous ne nous entendrons pas. - Je le vois avec douleur. Insensés mortels ! reprit le sage d'un ton élevé, est-il possible que vous ne puissiez rien tirer de votre propre fond, rien trouver dans votre pensée, dans la fermeté de votre ame, dans votre amour pour la vertu, de quoi vous rendre heureux ? Le bonheur est en nous, dans des actions bonnes, légitimes, que notre cœur avoue avec complaisance. Faut-il que vous vous adressiez sans cesse à cette Déesse volage, changeante, capricieuse, qui gouverne en despote aveugle, & qui ne vous caresse que pour vous précipiter dans les abymes de la folie & de l'imprudence ! A ces mots, le Pontife sourit, & lui prenant la main, il voulut lui mettre au doigt un diamant d'un prix très-considérable. Le sage retira sa main sans courroux, & souriant à son tour, il dit : Que prétendez-vous faire ? c'est pour les enfans que ces bagatelles sont faites ; amusez-les avec des diamans, des pierres bigarrées, des rubans de diverses couleurs; il faut les distraire pour les empêcher de jetter un œil sérieux sur cette valeur imaginaire qui les éblouit & les trompe; c'est bien de l'or & de l'argent dont j'ai besoin. Vertus fieres ! courage d'esprit inébranlable ! étude profonde qui transportez la vie de l'homme dans la pensée, venez à moi, remplissez mon ame; que je mette à profit cet instant qui m'est donné, & qui s'écoule dans la profondeur de l'éternité, qu'il ne soit pas perdu pour moi, que je vive tout entier, que je me plonge dans ces idées justes & élevées, propres à fortifier l'ame, contre les malheurs inévitables de la vie. Tels sont les trésors, qui, seuls, ont quelque prix, & que je brûle d'acquérir. Cependant pour reconnoître le bien que vous me vouliez, marchez sur mes pas, & que je vous montre à mon tour le séjour où je préside.

Je les suivis tout ému. Le ton, la

démarche, le courroux noble de ce sage m'avoit frappé; il nous introduisit dans un temple majestueux tout éclatant de lumiere; on n'y voyoit point de foule; le marbre vivifié présentoit de toute part les statues de plusieurs grands hommes; elles portoient le caractere & le feu de leurs ames. L'expression étoit inimitable; le cizeau avoit donné le mouvement; ils avoient été peu connus pendant leur vie, à leur mort le cri de l'admiration avoit fait voler leurs noms sous ces voûtes augustes; une multitude de lampes descendoit de ce nouvel empirée, & la clarté qu'elles répandent ne doit jamais finir. Au milieu, je vis un corps immense formé d'une substance purement aërienne, c'étoit l'image de la Postérité reconnoissante. Elle étoit à genoux devant un diadême, un bâton de commandant & un livre. C'étoit la couronne de Henri, le sceptre de Turenne, & l'Esprit des Loix. A sa droite étoit le buste de Socrate, en face celui de Richardson.

Là, se promenoient les Solon, les Épaminondas, les deux Brutus, avec les Fabius, les Scipions, les Catons, les Antonins. Là, sont les héros qui ont eu la véritable grandeur d'ame, les écrivains illustres, les sages de tous les tems; leur extérieur simple, & leur air modeste, annonçoit la simplicité & la candeur de leurs ames; ils disoient à la Postérité: Déesse, nous n'avons jamais cherché vos louanges, nous n'avons jamais desiré vos présens. La plus pure récompense de nos actions, a été dans le plaisir que nous avons goûté à les faire. Pour suivre la vertu, on n'a besoin que de l'amour de la vertu même.

La Postérité répondoit: Vous vivrez éternellement, vous, mes vrais amis; je veux que tous les humains vous connoissent & vous respectent. Mon plus grand plaisir sera de divulguer vos vertus: arrachés pour toujours au sommeil léthargique de la mort, les filles de mémoire célébreront vos grandes actions. Aussi tôt une céleste harmonie se fit entendre ; elle s'élève lentement dans les airs, & par une gradation bien ménagée, elle frappa la voûte sonore du temple, & de-là se répandit dans l'univers. Il n'est point d'oreille qui ne soit enchantée d'un si beau concert. Je sentis l'ivresse délicieuse que les Muses font couler dans les cœurs sensibles. Ah ! je suis dans le temple de la Gloire, m'écriai-je ; je ne vois ici ni conquérans, ni ambitieux, ni tous ces fléaux de la terre que la crainte a déifiés ; je vois les vertus éminentes, les talens extraordinaires, qui font le charme & la consolation du genre humain. Quelles sont viles les inclinations de ceux qui méprisent la gloire !

Plus ces grands hommes avoient été maltraités de la Fortune, plus ils répandoient d'éclat. Le Tasse & Milton couronnés des mêmes lauriers, rioient des coups impuissans que leur avoit portés le sort ; ils fouloient aux pieds la face ignoble de leurs Zoïles. Le Pontife du temple de la Fortune baissoit un œil confus. Ces fronts rayonnans avoient sur les cœurs une autorité si douce, si naturelle, & si puissante ; ils attiroient tellement le respect & l'amour, que les cœurs les plus vicieux redoutoient leur mépris. Le sage éleva sa voix, qui retentissoit avec majesté sous ces voûtes élevées, & dit : La gloire ne naît point de l'orgueil, de l'ambition, du faste, de la puissance, ou de l'intrigue ; si l'on se prosterne devant l'idole du pouvoir, les démonstrations de ce respect sont passageres & forcées ; il faut des vertus distinguées, il faut des talens reconnus, pour obtenir ce suffrage public, qui récompense dignement ; c'est lui qui acquitte la dette que l'homme ne peut plus payer. La gloire ne consiste point à éterniser des syllabes, mais à laisser un grand exemple ; elle se dérobe aux poursuites empressées, & elle se plaît à couronner l'homme simple & modeste, qui, chaque jour, a développé ses vertus avec la chaîne de ses devoirs. Vous retrouvez ici ce brave & généreux Phocion, qui, après avoir commandé des armées nombreuses, vit la vieillesse & l'indigence le saisir sous ses lauriers. Il mourut pauvre, il mourut abandonné : quelle fin plus glorieuse ! Vous voyez encore cet Aristide, cet homme juste par excellence ; il suivit constamment ses devoirs, il fut banni ; il ne se prêta point aux caprices du peuple, aux séductions des magistrats. Le sort réservé à la vertu l'attendoit. Contemplez Catinat, son héroïsme guerrier, sa philosophie tranquille ; il disoit dans sa retraite : J'ai servi ma patrie avec zele & avec courage ; dès qu'elle a jugé que mes services lui étoient inutiles, j'ai commencé à vivre pour moi-même ; les vœux les plus ardens de mon cœur seront toujours pour elle. Ce grand homme dans sa disgrace inespérée n'avoit rien à se reprocher ; ses ennemis qui ne savoient agir que par des voies détournées, triomphoient de son obscurité ; il leur oppofoit fa vertu, & cette égalité d'ame que la vertu feule peut infpirer. Plus bas, vous voyez ce Fenelon, qui, dans le féjour de la haine, dans le tourbillon des paffions fougueufes, regagna par la modération cette paix que la fureur jaloufe voulut lui faire perdre. Tels font les hommes qui méritent l'admiration des fiécles. On voudra leur reffembler, ils ferviront de modele, ils formeront de grandes ames qui ne font pas encore nées.

Maintenant, que les Lucullus, que les Craffus, que les Monopoleurs jouiffent de leur fortune, qu'ils raffemblent autour d'eux toutes les voluptés fenfuelles que procurent les richeffes, que la foule des plaifirs ne les abandonne jamais! Qu'ils ayent l'aifance, l'agréable, & même le fuperflu; j'y confens; tel eft leur loi. Perfonne de bien né n'enviera, je crois, leur coupable opulence; mais auffi qu'une barriere éternelle les fépare de ceux qui ont eu l'honneur pour pespective, pour aliment, & pour but de leurs travaux: qu'ils ne se trouvent jamais sur la même ligne, avec le magistrat qui veille à la conservation des loix, avec le guerrier dont le moindre effort est de braver la mort, avec l'écrivain illustre qui ajoute aux pensées de son siécle, & à celles du genre humain. Eh! quelle seroit la récompense des vertus désintéressées, patriotiques, si la même monnoie payoit l'homme vénal & le héros! Que la tache imprimée sur les mains qui levent les impôts publics, ne puisse être effacée par des fleuves d'or; que les distinctions honorables ne leur appartiennent jamais, qu'elles jouissent de tout, excepté de l'appanage des grands hommes.

Le Pontife de la Fortune, humilié, vaincu, sentoit dans ces paroles une force à laquelle il ne pouvoit répondre. - Eh! quels sont donc les plaisirs attachés à cette gloire que vous vantez tant?- C'est le secret des grandes ames, répondit le Pontife du temple de la Gloire ; ceux qui l'adorent font heureux par elle : la Fortune s'épuise & s'affoiblit en se partageant ; la Gloire est un patrimoine aussi étendu qu'il est inépuisable ; la couronne d'un vainqueur ne fait aucun tort aux palmes que moissonne un autre vainqueur. Il est sur la terre des hommes dont le nom flatte mon oreille ; je les attends ici, pour les recevoir, les embrasser, & étendre avec eux l'empire de la pensée, de la raison, de la vertu. A ces mots, un feu divin s'alluma dans ses yeux : je le fixai plus attentivement ; quel étrange contraste m'offrirent ces deux personnages si opposés ! le Pontife du temple de la Fortune étoit Bourvalais ; celui du temple de la Gloire étoit Corneille !

SONGE DIXIEME.

Le Ruisseau Philosophique.

L'Aurore naissante mene avec elle les songes véritables ; c'est dans ce tems précieux où le sommeil est plus pur & moins terrestre, qu'il étale aux yeux de l'ame, les mysteres les plus heureux. Je voyois des pyramides semblables aux pyramides fameuses d'Égypte ; mais elles n'avoient pas été construites pour renfermer avec une ostentation grossiere des cadavres noircis & dessechés ; elles me parurent couvertes de caracteres inconnus, gravés d'une maniere ineffaçable. Je voulois déchifrer ces caracteres faits pour braver la main dévorante du tems, & je ne pouvois en venir à bout ; je m'affligeois, lorsqu'une Déesse jeune & belle descendit vers moi ; son front quoique charmant étoit sérieux ; elle tenoit un vase de cristal de roche d'une beauté unique, & versa sur mes yeux une liqueur forte qui me causa d'abord une vive douleur ; mais un moment après il me sembla qu'il tomboit de mes yeux un bandeau. Tu vois, me dit-elle, le dépôt des connoissances humaines, à l'abri des coups du despotisme & de la superstition ; ce monument attestera à l'avenir, qu'il est encore des ames libres & fieres ; nul ne peut y porter la vûe avec des yeux fascinés de préjugés vulgaires : un jour plus pur te luit ; lis, & n'abuse point de la raison pour corrompre la Nature.

J'attachai mes regards sur une des façades qui regardoit l'orient, & je lus les choses suivantes :

L'homme est né pour connoître ; dès qu'il fut jetté dans l'univers, & qu'il vit le soleil commencer son cours immuable, dès qu'il porta les yeux sur les objets variés de la Nature, & ses regards sur lui-même, & que plus étonné encore, il apperçut toute la profondeur de son être, alors il fit ufage de cette penfée puiffante qui le diftingua des animaux. Il voulut pénétrer ce qui l'environnoit, & favoir quel rang lui avoit affigné l'Auteur de toute chofe. Ses premiers pas porterent l'empreinte d'un génie ambitieux, qui méconnoît fa foibleffe, & préfume trop de fes forces. Mais les idées de l'efprit humain font comme ces fleuves humbles dans leur origine ; ils s'avancent, ils s'accroiffent à mefure qu'ils parcourent un plus vafte terrein; & c'eft à travers mille erreurs, que la philofophie a marché vers le fentier étroit de la vérité.

Chez les Égyptiens, chez les Perfes, dans l'Inde & l'Éthiopie, l'opinion porta long-tems le nom de philofophie. Ces premiers efforts furent impuiffans; mais ils conduifirent l'homme pas à pas à fe méfier de ce qu'il croyoit favoir le mieux. Il devint plus fort par degrés, & fa marche fut plus affurée. Vint un homme enfin d'une ame grande, d'un efprit jufte & décidé aux choses importantes, cet homme étoit Socrate; il dédaigna tous les systêmes physiques, spéculations assez frivoles; il appliqua sa vûe sur un nouvel univers, plus utile à connoître, sur le cœur de l'homme, scène immense qu'il pénétra dans toute son étendue. Il voulut rendre les hommes bons plutôt que savans, ramener leur imagination égarée dans les régions des cieux sur eux-mêmes, sur le vrai bonheur de la vie, sur leurs devoirs, sur les rapports qui les lient tant à l'Etre suprême qu'à leurs semblables. Platon, son disciple, s'éleva en même tems au trône du Créateur, & de ce point de vûe élevé, il appercevoit la terre comme un point. Ce n'étoit point la détermination des orbes célestes qui fixoit ses regards, c'étoit la beauté immuable, éternelle, qui, empreinte sur la face de l'univers, se réfléchit dans chaque production créée; il remontoit vers la cause premiere, vers cette cause universelle & indépendante, dont toutes les autres dérivent. Il examinoit comment l'Etre souverain a imprimé un principe de vie à la matiere, & comme par sa puissance infinie, il l'a rendue propre à exécuter les effets les plus admirables.

Ces beaux jours de la philosophie furent de courte durée; l'Opinion reprit son ancien empire. Cette capricieuse Déesse, amoureuse d'une folle indépendance, ne fut plus dirigée que par l'envie de se singulariser. Elle devint téméraire, ayant brisé un joug utile. A sa voix, l'insensé Pyrron produit son doute absurde. Aristote vient, & subjugue l'univers, ou, pour mieux dire, le couvre de ténebres pendant vingt siécles. On idolâtre un jargon barbare, on se prosterne devant de vaines subtilités; la philosophie n'est plus qu'un son bizarre que multiplie & répete sans cesse le même écho. L'opinion régnant à sa place avoit usurpé son nom, & se paroit de ses attributs extérieurs; elle affectoit une mâle assurance, une hardiesse sans bornes, mais elle découvroit sa foiblesse, elle n'étoit jamais la même; des oracles contradictoires sortoient de ses lévres. Fausse & inconstante, elle avoit un esprit d'orgueil & de despotisme qui la rendoit non moins redoutable que ridicule.

Les chefs de ces prétendues sectes philosophiques vouloient, à son exemple, régner impérieusement sur toutes les volontés; mais ces despotes sont bien prêts à se voir précipiter du trône de l'illusion. La vraie philosophie n'exige point des hommages forcés. On vit ces hommes orgueilleux se dégrader, jusqu'à se laisser conduire par les vûes d'un intérêt sordide; on les vit sous les noms de Paracelse, de Cardan, d'Agrippa, se pénétrer l'esprit d'une horreur mystérieuse & sacrée, s'abandonner à la magie, chercher la sagesse dans la transmutation des élémens, comme si, aux yeux du philosophe, l'or, source de tous crimes, n'étoit pas le plus vil des métaux. Ils prétendoient faire agir à leur gré toute la Nature; ils croyoient commander à ces êtres doués d'intelligence, qui, selon eux, servoient de milieu proportionnel entre l'homme & le Créateur, mais leur cerveau en délire n'enfantoit que des fantômes, dont ils se rendoient le premier jouet.

Si l'on dressoit des autels à l'imagination, on encenseroit ces édifices brillans, mais qu'un regard de la raison détruit. On feroit grace à l'absurdité, pour admirer un magnifique tableau de fantaisie; mais la philosophie dédaigne tout ce qui ne porte pas le caractere immuable de l'évidence.

La philosophie étoit donc ensevelie sous les ruines de la profane Grèce, avec presque tous les autres arts. Elle voulut sortir de dessous ces débris, & visiter de nouveaux climats. Elle se déguisa sous la forme d'un ruisseau clair & limpide, mais dont rien ne pouvoit arrêter le cours. Il perçoit les monts, les rochers, & l'abyme des mers. Malgré tous les obstacles, on le vit arroser successivement les pays qu'il voulut gratifier de ses eaux fécondes. D'abord, il se fit jour dans la superbe Rome, parmi ces fiers conquérans, qui sembloient vouloir se refuser à tout autre art qu'à celui des combats. Ciceron y but la veille qu'il composa son traité des devoirs de l'homme, & son traité non moins admirable de la Nature des Dieux. Seneque à la cour d'un tyran osa y tremper ses lévres, & il roidit son ame contre les horribles attentats qui affligeoient ses yeux ; il y puisa cette fermeté stoïque qui l'accompagna dans les bras de la mort. Ce ruisseau merveilleux fuyoit par une aversion insurmontable les pays où le despotisme tient son trône stupide ; il formoit mille circuits, mille détours, pour éviter ces tribunaux de sang, où siége l'extravagance barbare, & ces palais dorés où la sottise prend le masque de la grandeur. Il se plaisoit à arroser une terre libre & les bords d'une cabane obscure, où vivoit quelque sage retiré qui cultivoit en paix sa raison, loin du tumulte & des grands, adorant le seul Dieu de la Nature à la vûe des tableaux qui l'animent & l'embellissent. Alors, ce sage usoit en silence de ses eaux bienfaisantes, & ne consideroit qu'avec mépris ces fleuves superbes qui portent les trésors de l'avarice....

Ici, mon œil ne put lire davantage, & j'entendis une voix qui me dit : Regarde à droite. Je regardai & je découvris avec une volupté singuliere les bords du ruisseau philosophique ; les arbres qui le couronnoient étoient élancés dans les airs, & sembloient percer la nue ; leurs racines abreuvées de cette onde vivifiante, nourrissoient la pompe de leurs têtes superbes ; c'étoit la hardiesse & l'énergie de la Nature qui se déployoit librement sous la voûte des cieux ; l'ombre & le silence inspiroient à l'ame une douce tranquillité ; les passions sembloient se calmer & se mettre dans

un

un sage équilibre; tous les objets se montrant sous leur vrai point de vûe, n'avoient d'autre valeur que celle que la Nature leur avoit assignée.

Mon œil, si je l'ose dire, étoit formé pour le reconnoître; car il se cachoit à cette foule qui chérit l'erreur & l'esclavage, par crainte ou par foiblesse. Il demeuroit invisible à cette troupe servile qui baise les fers dont on a chargé ses mains, pour peu que ces fers soient dorés. Cette eau pure, transparente, couloit sur une molle arêne, & dans un lit paisible; mais cette eau avoit cela de propre, qu'il falloit être bien disposé d'esprit, & avoir l'entendement sain, pour en user avec fruit. Sans cette préparation salutaire, elle causoit des vertiges de tête, & ce mal ne se dissipoit, que les infortunés n'eussent rendus certaines impuretés, dont l'odeur leur étoit aussi agréable qu'elle étoit insupportable aux autres. Le grand nombre de ceux qui en avoient bû, n'en avoient rapporté qu'un long étourdissement, faute des dispositions préalables.

Aussi lisoit-on sur des écriteaux semés à divers intervalles :

Vous tous qui accourez ici pour vous y désaltérer, vous êtes avertis que l'eau du Ruisseau philosophique est un poison qui rend fou & ridicule, ou un élixir divin qui éleve l'homme au-dessus de lui-même ; on invite donc ceux qui n'ont pas le jugement bien formé, à fuir cette boisson ; on leur donne cet avis charitable pour l'intérét de leur gloire & de leur repos ; elle n'opere que sur les ames bien préparées à la recevoir.

Il me fut permis d'embrasser d'un coup d'œil le cours de cette source étonnante ; elle arrosoit l'Angleterre, la France & l'Allemagne. Les autres États buvoient encore des eaux bourbeuses ; & pour comble d'aveuglement, ils idolâtroient ce limon grossier. Le premier qui sût goûter avec fruit de cette onde salutaire au sein de ma patrie, étoit Descartes. Je le vis penché sur ces bords, l'esprit plongé dans une méditation douce & profonde ; il avoit pris une méthode préparatoire qui lui réussit admirablement. Cependant emporté par la bonté de ces eaux, il me parut qu'il en avoit un peu trop usé ; c'étoit alors qu'il s'écrioit : Qu'on me donne de la matiere & du mouvement, & je vais donner l'être à un monde infini. Tout à coup son imagination impétueuse enfantoit d'immenses tourbillons, plaçoit dans leur centre des soleils à son gré, & les faisoit mouvoir selon les loix qu'il leur traçoit. Je vis son rival rendu plus sage par son exemple. Il usa de cette boisson divine avec une précaution géométrique ; d'un souffle il fit disparoître cet édifice magique, & lui substitua un vuide infini, où les corps célestes, élancés en droite ligne dès le commencement, & attirés l'un vers l'autre par un penchant inexplicable, décrivoient une ligne courbe pour obéir à ces deux forces opposées. Il avoit forcé l'algebre de prêter son secours à la géométrie ; il fit l'heureuse application de la géométrie & de la physique au système de l'univers. Il voyoit la lumiere s'élançant du soleil, se répandant dans l'espace plus vîte que l'éclair, & inondant en un instant les mondes, réjouis par sa présence. Le prisme en main, il la décomposoit, & sembloit dire aux cieux : Tout ce qui est dans le domaine de l'homme appartient à son intelligence !

Un génie illimité l'avoit précédé ; mais sans avoir fait d'aussi admirables découvertes, il se plaçoit à ses côtés. Plein de ces eaux salutaires, d'un trait libre & vigoureux il traçoit la généalogie des connoissances humaines ; il tenoit en main le fil de toutes les sciences. Son cerveau noblement échauffé, enfantoit avec précipitation une pépiniere d'idées hardies & fécondes, & leur développement sera l'ouvrage de plusieurs générations.

Un autre philosophe plus moderne but plus sagement, car il avoit à observer la nature de l'ame, & il avoit besoin de toute sa réflexion. Il marchoit lentement, & à pas comptés, le bâton d'aveugle en main, & sondant le terrein sur lequel il devoit s'appuyer. Si on lui reproche de n'avoir pas fait un grand chemin, du moins la route par où il a passé est sûre, & l'on peut y marcher après lui en toute confiance.

Plus loin un philosophe de l'Allemagne n'étoit pas si modéré ; il buvoit extraordinairement. Il est vrai qu'il avoit la tête extrêmement forte ; l'immensité de son génie épouvante ou écrase notre foiblesse, il raisonnoit de toutes choses. Historien, antiquaire, étymologiste, physicien, mathématicien, orateur, jurisconsulte, il ne dédaigna pas même de faire des vers. Si jamais l'opinion, que nous avons plusieurs ames, se renouvelle, on pourra citer cet homme merveilleux comme un phénomene moral.

Pourquoi ses éleves se sont-ils écartés de la sagesse du maître ? Pourquoi ont-ils outré ses erreurs ? Que n'ont-ils lû les monitoires qui bordent le ruisseau ? Ils crurent qu'il ne s'agissoit que de boire & d'écrire. Ils burent, ils écrivirent, & l'on vit naître des axiomes, des postulata, des corollaires, des scholies, & tout l'ancien jargon de l'école, & le principe de la raison suffisante, & celui de contradiction, & celui d'indiscernable, & les êtres simples, & les monades, & ces beaux mots remplirent le vuide de toutes les têtes qui se soucient moins de comprendre les choses que de les entasser sans choix, tandis qu'ils lasserent & accablerent ces gens de bonne foi qui, en toute chose, exigent quelque clarté.

Sur cette rive tranquille, j'apperçus le philosophe de Malmesbury ; si ses écrits attristent mon ame, si je ne puis goûter ce détracteur de la nature humaine, cette opposition de sentimens n'éteint point à mes yeux son génie. Il avoit reçu de la Nature cette hardiesse de penser, si rare & si dangereuse; mais trop systématique, il plioit tous les faits particuliers à ses hypotheses hazardées. Austere & vigoureux, il me parut outré dans ses principes. Sans doute en voyant sa patrie inondée de sang, & tous les tableaux du crime & du malheur environner ses yeux, il jugea que l'homme étoit un être méchant, & que l'état de Nature étoit un état de guerre. Ces tristes erreurs n'empêcherent pas qu'il ne fut honnête-homme & citoyen zélé. D'ailleurs, personne n'a fait mieux sentir que lui la sainteté des loix, & les avantages de la formation des sociétés.

Pour effacer le chagrin qu'il avoit imprimé en mon ame, je fixai avec complaisance cet ami des ames sensibles, cet émule de Platon, ce profond Shaftesbury, dont l'imagination vive & brillante étoit toujours asservie à la raison & à la sagesse. Comme il sourioit noblement! comme il attachoit ses regards sur l'image de la vertu!

l'expression de sa plume en étoit plus touchante. Il embrassoit la carriere des événemens heureux & malheureux, qui forment le tableau de la vie humaine; & mesurant le terme du plaisir qui nous a été accordé, & celui de la douleur que notre sensibilité peut supporter, il disoit à l'homme : Pourquoi nous plaindre des infortunes de la vie ? n'est-ce point l'Etre suprême qui conduit d'une main également sage & puissante la chaîne qui lie ensemble & meut tous les êtres? Pouvons-nous nous attendre que pour nous favoriser dans un tems borné, il renversera l'ordre immense de la Nature, ordre établi par lui-même ? Tandis que notre existence est imparfaite & fragile, oserons nous soupirer après un bonheur sans mélange ? tout est limité hors le sein éternel qui nous a conçu. Il n'a pû se refuser à produire tout être capable de devenir heureux ; pourquoi donc quelque privation répandroit-elle de l'amertume sur nos jours ? Pourquoi notre esprit s'égareroit-il dans des desirs sans bornes ? Oublierons-nous qui nous sommes, & que tout ce que nous avons reçu est à titre de don ? Compterons-nous pour rien l'honneur inestimable d'avoir apperçu l'Etre infini ? Loin d'exhaler des plaintes inutiles que la Nature n'entend point, en poursuivant le cours qui lui a été tracé, attendons patiemment quelle sera la fin de notre être. Le bonheur d'un pere dépend du bonheur des enfans qui lui sont soumis....

Mais je n'oublierai pas mon ami Montaigne, que je chéris autant que Moliere; je vis le bon-homme qui se baignoit tout nud dans le Ruisseau philosophique. Il se promenoit sans dessein, ne sachant où il alloit, obéissant à la derniere sensation qu'il éprouvoit. Tantôt il voloit après un papillon, tantôt il réfléchissoit à propos de rien; si une racine d'arbre le faisoit trébucher, il revenoit à sa gaieté naturelle; il s'en alloit souriant nonchalamment au souffle léger du zéphyr;

Q 5

mais il avoit tant de graces dans tout ce qu'il faisoit, qu'on lui auroit pardonné encore de plus grandes irrégularités. Les effusions de son cœur ingénieux renferment ce que la Nature offre de plus fin & de plus exquis. Il ne me parloit que des choses qu'il avoit senties, & il m'obligeoit de les sentir à mon tour. Que de naïveté, de force & de simplicité! Ceux qui le prenoient pour un fou n'avoient ni discernement, ni droiture. Bon jour, lui dis-je, en le rencontrant, bon jour abrégé de la nature humaine, homme intéressant, homme vrai, sage, sans morgue, toi qui traças un tableau si fidele de l'entendement humain, de ses folies, de ses contradictions éternelles; quiconque n'est pas l'ennemi de l'humanité, ne pourra s'empêcher d'aimer à jamais & ton livre & toi.

Sur le bord de la rive opposée, j'apperçus l'Alcide des philosophes. Au lieu de massue, il tenoit une balance; sa taille étoit gigantesque;

armé d'une dialectique invincible, il renverfoit une multitude de fyftêmes, & d'un air triomphant, mais non orgueilleux, il marchoit fur leurs débris épars : les travaux de cet homme étonnant font comparables à ceux d'Hercule : il alloit détruifant les monftres & les chimeres ; il nétoya ces vaftes harras d'où s'exhaloit une pefte mortelle. A fon exemple, le héros moderne purgea cet amas de vieilles erreurs qui infeftoient le champ de la raifon. Athlete redoutable, il fembloit tenir la victoire à fes côtés, & la faire voler à fon gré vers le parti qu'il lui plaifoit de favorifer. L'hiftoire, les arts & la philofophie paroiffoient à fes ordres lui ouvrir leurs inépuifables tréfors. D'un coup d'œil, il appelloit les penfées & les événemens poftérieurs, & cette immenfité de chofes ne troubloit point fa vûe fixe & fûre. Il jettoit dans le monde littéraire un éclat femblable à celui de cette comette fameufe, qui étonna par fa grandeur;

& il eut de plus avec elle cette ressemblance, que comme elle répandit dans la multitude des terreurs populaires, de même il effraya le vulgaire des philosophes.

Je descendis le long de ce ruisseau fleuri. A quelques pas, je ne découvris plus personne, mais je remarquai une colonne triangulaire, couverte de caracteres fraîchement tracés; la curiosité me les fit lire, & voici le sens de l'inscription, que je prends la liberté de traduire :

A la mémoire des beaux Arts, qui, après plusieurs siécles de fanatisme & de barbarie, se sont fait jour enfin dans ce Royaume. L'instant qui les vit naître a été pour-ainsi dire témoin de leur perfection; le cizeau, le burin, le pinceau étalerent de toute part leurs chef d'œuvres, & les eaux d'Hypocrene furent tellement fréquentées, qu'elles en parurent taries; mais il restoit une science vaste à parcourir, sans laquelle les autres sont vaines. Vers le milieu de ce siécle un vent heureux souffla tout à coup du côté de l'Angleterre, & porta la philosophie chez cette Nation frivole & inconstante, qui ne sembloit pas formée pour elle. Les hommes de génie qui ne paroissent appartenir à aucun pays, l'adopterent avec transport, & par degrés, la rendirent chere à un peuple qui d'abord voulût la méconnoître. Alors, on se mit à la recherche de ce Ruisseau merveilleux qui naguere couloit obscurément ; on s'empressa sur ses bords ; sous le siécle précédent, personne n'avoit pû, ou plutôt, n'avoit osé y boire publiquement. Je ne sais quel ton adulateur, timide, incertain, avoit saisi les meilleures plumes, les plus faites pour être indépendantes & libres ; les livres les plus éloquens étoient remplis de sophismes admirablement tissus. De misérables querelles étoient l'aliment des esprits nés pour éclairer le monde.

C'étoit le régne de la peinture, de la poësie, de l'éloquence, mais non celui de la philosophie. Il fallut que le tems apprit à dédaigner ces argumens fcholaftiques, qui ne méritoient que la dérifion. On fe tourna vers des objets plus utiles; on fentit la néceffité de s'abreuver des eaux falutaires de cette fource trop long-tems négligée. Les progrès furent rapides, malgré le courroux puéril de ceux qui redoutoient les effets d'une boiffon qui, comme le Népenthes, ouvroit les yeux de l'homme. Ils auroient bien voulu étouffer la penfée dans fon fanctuaire, deffécher le Ruiffeau, le fceller, ou du moins difpofer des fatellites tout le long de fes bords, mais cette fource émanée du fein des Dieux ne recevoit aucun frein; elle renverfoit les obftacles les plus puiffans, & rien ne pouvoit détourner fon cours. La marche des corps céleftes n'a point un effet plus prompt & plus infaillible; d'ailleurs, quiconque a trempé une fois fes lévres dans cette onde pure, en conçoit un goût immortel, de même que celui qui jadis avoit goûté des eaux du Nil, devoit en boire une seconde fois. Eh! quel est l'homme qui rejetteroit la vérité & la vertu, après avoir connu leurs délices? On n'a point à craindre sur ces rives fortunées les ingrats ni les déserteurs; aucun ferment n'y lie les volontés; le pouvoir de la raison, l'amour de l'humanité, le goût de la sagesse, forment seuls un corps de ces hommes dispersés, qui connoissent trop leurs forces pour en chercher d'autres que celles qu'ils tiennent de leur propre génie......

J'entendis un léger murmure, & je découvris un groupe de philosophes qui conversoient ensemble; leur voix éclatante résonnoit avec grace; leur démarche étoit libre, aisée & pleine de noblesse; un sourire socratique habitoit sur leurs lèvres; l'élévation de leur pensée se peignoit sur leur front ouvert & serein; l'air qui les environnoit me parut plus radieux & plus pur; la Nature s'embellissoit autour d'eux. Un des premiers étoit l'auteur charmant des mondes, des oracles,

& de tant d'éloges admirables ; je m'apperçus qu'il buvoit de très-petits coups, & même à différentes reprises, de peur de nuire à sa santé, qu'il chérissoit beaucoup : il coloroit fréquemment la liqueur, & la présentoit aux autres sous un autre nom ; il aimoit à boire, & il évitoit de passer pour buveur. Fin, prudent, discret, ou, pour lui rendre plus de justice, forcé de l'être, il déguisoit ingénieusement sa pensée, & servoit la philosophie, comme un homme qui, gêné par un état sévere, adore en secret, & vit aux genoux de cette même beauté qu'il craindroit de saluer en public.

Un président de la même patrie que Montaigne, doué de son imagination active, mais plus sage, plus méthodique, plus profond, but, & son œil devint perçant comme celui de l'aigle. Sa sagacité rare & précieuse débrouilla le cahos informe de ces actes, tantôt raisonnés, tantôt arbitraires, qu'on nomme loix. Dans une

Théorie sublime, il remonte à leur origine, il les suit, il les observe dans leur rapport, il indique leur vaste enchaînement. Tandis que la raison humaine faisoit entrer de toute part la lumiere dans les sciences & les arts, il fut le premier qui sut appliquer la philosophie à la politique, comme à la science la plus nécessaire, la plus importante à l'homme; à celle qui tient le plus immédiatement à sa liberté, à son bonheur propre & présent. L'esprit philosophique avoit erré long-tems avant de frapper ce but utile; ce grand homme nous le découvrit avec tout l'éclat d'un génie créateur, & il a semblé dire à ceux qui viendront après lui : Braves compagnons, c'est ici que vous devez réunir tous vos efforts; c'est ici que vous devez bâtir les monumens éclatans de votre puissance. Il ne s'agit plus de vérités simplement curieuses, ou ingénieusement inutiles; il s'agit de la félicité des peuples, de la gloire des Souverains, des nœuds qui doivent unir les hommes entre eux ; il s'agit de la cause du genre humain ; elle est remise à vos hardis travaux, & le motif est trop élevé, trop cher, trop généreux, pour douter de votre zele & de vos succès.

De tous les philosophes qui entouroient ce cristal limpide, je crus reconnoître qu'il n'y avoit que ce grand homme qui eut jamais pû composer ce livre immortel, qui ne cessera d'être lû, médité, combattu, admiré, que lorsque la justice & la raison seront assises à la place des maîtres de la terre.

Quel est ce savant Naturaliste qui tient en main une coupe d'or ? il boit en regardant les cieux ; son pinceau est noble, majestueux, touchant, comme la Nature dont il est le fidele historien. Toujours élevé sans faste, toujours grand sans enflure, il transporte son lecteur parmi les spheres roulantes, au sein de ces orbes immenses que son œil embrasse & mesure ; puis rabaissant son vol, il le conduit dans les laboratoires secrets, où la Nature cachée se montre encore plus admirable ; à chaque pas il instruit, il étonne ; mais lui, les miracles pompeux de la création lui semblent familiers, & il décrit l'univers, avec cet art simple qui annonce un génie au niveau de son sujet. De quels traits il peint l'homme ! comme il le console de la vieillesse & de la mort ! quelle haute idée il lui donne des facultés de son ame ! elle sourit de joie & d'admiration, en se plongeant dans ces idées tour-à-tour fortes & touchantes, & tout autre éloge devient, je crois, superflu.

Non loin, un homme d'une tête vigoureuse appaisoit sa soif ardente. Il buvoit avec transport, & ne pouvoit se désaltérer ; la liqueur agissoit puissamment sur son cerveau, mais, comme il le dit lui-même, on ne fera rien de grand, rien d'élevé, sans un certain enthousiasme. Il est des secrets qui ne se révelent qu'aux ames brûlantes ; le sentiment & l'idolâtrie des beaux arts pénétroient vivement son cœur; il étoit né pour leur donner des loix. Tantôt rapide, véhément & clair, son éloquence subjuguoit la pensée. Quelquefois obscur, mystérieux, & peut être à dessein, il échappoit à son lecteur. S'il montoit un moment sur la scène, il y portoit la morale touchante, & faisoit couler de douces larmes; il avoit tracé la meilleure poëtique connue; d'ailleurs, il avoit conçu, tracé, exécuté par son génie & son intrépide courage, le plus hardi, le plus beau monument que l'esprit humain ait jamais osé dresser. Là, sont rassemblées toutes les richesses de la raison; comme l'on dit que jadis dans le temple de Salomon étoient rassemblées toutes les richesses de la Nature. Cet édifice superbe qui immortalisera & son fondateur & la Nation, fut construit au milieu des tempêtes & des orages *. Quand la

* *Nota.* On n'entend faire ici l'éloge que de la partie des arts & des sciences humaines.

barbarie reviendra couvrir la face de la terre, c'est dans ce vaste dépôt qu'on ira chercher les vestiges des arts analysés du coup d'œil du génie. Il attestera à la postérité la plus reculée, la perfection de l'esprit humain, dans la connoissance même qu'il a acquise de son impuissance.

Il étoit suivi d'une foule savante qui buvoit à tasse pleine ; mais comme les eaux du Ruisseau philosophique font dire jusqu'aux vérités qu'il faudroit taire, ils faisoient cet aveu sincere. « Nous avons mis à contribu-
» tion tous les livres qui existent;
» nous ne naissons qu'après bien des
» siécles écoulés; & ce n'est point
» notre faute, si, avant nous, on a
» pensé & dit des choses qui entrent
» dans la chaîne de nos idées. Tout
» ce qui est bon nous appartient de
» droit, & si c'est un larcin, un par-
» fait désintéressement auroit été plus
» nuisible «. Cela n'empêchoit pas qu'il n'y eut dans l'ouvrage une foule de vérités neuves, & que tout n'y

fut empreint de cet esprit philosophique, qui prête de la force & de la clarté aux moindres objets.

Mais je distinguai, sur tout, parmi eux, ce savant, aimable, modeste, généreux, dont la constance égala l'érudition, qui s'est occupé sans relâche de l'accomplissement du grand projet, qui ne fut ébranlé ni par le cri des passions, ni par l'acharnement de la calomnie, qui ne vit que la gloire d'achever un monument utile au monde, & qui par son courage heureux partagera la reconnoissance dûe au fondateur.

Tous ces gens de Lettres, par la supériorité de leurs lumieres, par la noblesse de leurs vûes, par leur genre de vie honnête, tranquille & retiré, méritoient la considération publique. Peut-on trop le répéter? Ce sont les Lettres qui font fleurir une Nation, qui calment l'indocile esprit du fanatisme, qui répandent dans le cœur des hommes les régles de la droite raison, & les sémences de douceur, de vertu & d'humanité, si nécessaires au repos des Souverains, & au bonheur de la société.

Le confrere de ces hommes célébres se promenoit son Tacite en main. Il étudioit sa maniere, il le traduisoit, & les autres ne faisoient que l'expliquer. Il prenoit son esprit. Son style avoit de la netteté, de l'agrément, & une précision singuliere; il tempéroit presque toujours la force de la liqueur d'une petite dose de finesse. Connoissant bien son siécle, & sa Nation, il avoit découvert que l'épigramme étoit la forme la plus heureuse pour leur présenter certaines vérités. On a peu vu de géometre réunir autant de connoissances, posséder autant de goût, avoir une vûe aussi perçante, & une sagesse aussi modérée; mais un don encore plus rare, c'est qu'il étoit bon plaisant.

Sensible, impétueux, véhément, tenant en main tous les foudres de l'éloquence, ressuscitant la chaleur des Démosthenes, & la profondeur des

Cicerons, un homme contemploit d'un œil avide le Ruisseau philosophique, & disoit : Eaux funestes, eaux empoisonnées, pernicieuses au genre humain, soyez maudites à jamais, & dans l'instant même il se baissoit pour en boire. C'étoit de l'huile versée sur un brasier ardent. Aussi-tôt son imagination s'allume, elle devient riche & féconde ; il exprime ses idées avec une énergie toute nouvelle ; la langue s'enrichit sous sa plume douée de force & de douceur ; la philosophie acquiert de nouveaux trésors *. Sa marche est fiere, rapide, inexorable, mais quelquefois aussi il tombe dans l'extrême. On ne peut lui refuser le génie d'observation au plus haut degré, & le mérite d'avoir découvert des

---

* *Nota.* On ne se rend point ici l'apologiste des ouvrages que les tribunaux ont proscrit ; on ne parle que de ceux qui n'ont point été repris par les juges en cette matiere.

des différences que le vulgaire des philosophes n'appercevoit pas. Quelles clameurs s'élevent autour de lui! que de pygmées lui déclarent la guerre! Inébranlable comme un coloffe, tout l'orgueil des hommes ne peut rabaiffer le fien, qui en devient plus fier & plus légitime; son caractere se montre auffi inflexible que sa plume, & ses erreurs même semblent respectables, parce que le sentiment de l'humanité répand son feu sacré sur tous ses écrits. O qu'il étoit grand à mes yeux d'avoir difposé de son ame toute entiere & à son gré! & qu'il est rare d'avoir conservé le vrai caractere que nous donna la Nature, parmi cette foule d'êtres imitateurs, singes tyranniques qui, tout en criant liberté, ne peuvent souffrir que ceux qui s'abâtardiffent comme eux.

Il est vrai que l'eau philosophique avoit fait sur lui ce qu'un élixir puiffant opere sur un vieillard; elle sembloit l'avoir rajeuni. Alors pour déifier l'objet de ses antiques amours, il avoit composé un roman, l'ouvrage le plus extraordinaire qui soit dans notre langue ; il y avoit mêlé la philosophie & l'amour, le raisonnement & la volupté ; il avoit tracé des scènes séduisantes & des tableaux séveres. Ce roman inspiroit toutes les vertus ; & l'ame humaine y étoit profondément pénétrée. O sensibilité ! tous tes charmes, tous tes trésors sont dévoilés au grand jour. Non, l'amour n'est plus une passion terrestre, c'est une flamme divine, principe de tout héroïsme. Je te relirai, roman divin ; j'ai cherché vainement dans quelque langue que ce fut, un modele ou un peintre semblable.

En face de ce génie singulier, je vis ce génie universel qui n'a point de rival dans l'antiquité. D'une main il tenoit une trompette, de l'autre un poignard, & le tambourin d'Érato se voyoit à ses pieds. Il mêloit habilement les ondes d'Hipocrene à celles du Ruisseau philosophique, & le concert de sa lyre étoit alors digne de l'oreille des sages. Il jettoit un regard sur la Superstition, l'Erreur & l'Ignorance, & ces divinités ténébreuses fuyoient confondues. Elles ne pouvoient soutenir cet œil étincelant qui les poursuivoit dans l'ombre. Héritier du bâton de Diogene, tantôt il en châtioit les plus insolens, tantôt son sourire perçant déconcertoit la gravité pédantesque d'une foule de sots, qui n'avoient pas même l'esprit de le calomnier. Il avoit reçu de la Nature cet esprit fin & subtil, qui effleure & approfondit, qui joue & raisonne, qui plaisante & instruit, qui tonne quelquefois, mais dans une nuée de fleurs. C'étoit la plus admirable tête, la mieux organisée, la plus infatigable, la plus singuliérement spirituelle *. Il rendoit jusqu'à l'érudi-

---

* *Nota.* On n'a en vûe ici que les Ouvrages légers & poëtiques, qui caractérisent notre Auteur, & non ceux qui pourroient toucher à des objets respectables.

tion piquante; nouveau Lucien, il imprimoit le ſtigmate indélébile du ridicule, aux folies diverſes & variées dont abonde ce pauvre univers, & l'univers rioit du tableau. On ne vit jamais un philoſophe plus enjoué; à cet égard, quoiqu'en cheveux blancs il ſoutenoit preſque ſeul la gloire du nom François.

Quel eſt cet Anglois audacieux qui deſcend dans les plus profonds abymes de la métaphyſique, pour viſiter les fondemens de la morale & de l'évidence ? Du fond de ce gouffre il s'écrie : Prenez garde à vous, foibles humains, tout va crouler; la maſſe de vos penſées repoſe ſur un ſable mouvant; un inſtant peut bouleverſer vos frêles opinions; il ne faudroit qu'une ſenſation de plus pour vous faire ſoutenir demain, & avec la même opiniâtreté, le contraire de ce que vous ſoutenez aujourd'hui. Ainſi il vouloit effrayer le genre humain, & lui faire accroire que ſes appuis n'étoient rien moins que ſolides ; mais je ne ſais quelle conviction intime qui parloit à l'homme le plus grossier, étoit plus forte que l'assemblage de ces subtilités. On n'épousoit point la terreur panique qu'il vouloit répandre, & l'ordre moral paroissoit aussi sûrement établi que l'ordre physique. On ne craignoit pas plus le renversement de l'un, que celui de l'autre. Une vûe trop fine, en s'arrêtant long-tems sur le même objet, se trouve éblouie, & dégénere en une espece de cecité. Cet écrivain en fournit un exemple; sa dialecte trop subtile vise au pyrrhonisme. Malheur au philosophe qui ne s'échauffe ou ne s'attendrit jamais! s'il n'a point décidé sa pensée, comment peut-il instruire ou toucher? d'ailleurs, il avoit écrit l'histoire de son pays, non au gré de sa Nation, mais, du moins, au gré du reste de l'Europe. Tous ses écrits portent l'empreinte d'un génie qui tantôt ose trop, tantôt n'ose pas assez; en les lisant il sera bien plus facile, je crois, de les admirer que de les chérir.

Quel est celui qui porte une physionomie si douce, si aimable, si spirituelle? il abandonne une table couverte d'un tapis verd; il fuit à grands pas, & se sauve de la sombre caverne où il s'est trouvé surpris. Je le vois qui jette à droite & à gauche les sacs d'argent dont il est chargé, pour voler plus promptement aux bords du Ruisseau. Là, il sourit, il se mire avec complaisance, il boit avec délices, il semble être dans son élément. Quelle voix tonnante s'écrie: Pourquoi a t-il révélé des vérités terribles qu'il falloit ensevelir? Je répondrai: hélas! c'est que droit & sincere, il a bû de cette eau toute pure & sans mélange.... Mais doit-on oublier cette humanité profonde, cette bienveillance universelle, cette horreur du despotisme, cet amour des vertus & des talens, cette candeur, cette élévation d'ame, qui se manifestent à chaque page; tout y fait tableau, tout y est peint sous les couleurs les plus frappantes, & la force la plus heureuse se marie à cet enjouement léger, que j'appellerois volontiers le réfultat du coup d'œil du génie. La Poftérité lui marquera la place honorable dûe à fes talens * ; mais ce fera vous, infortunés qu'il a comblés de bienfaits, ce fera vous qui louerez dignement ce cœur généreux, fait pour fervir de modele à tous les bienfaiteurs.

Où va cet obfervateur, fa loupe en main ; il l'applique fur le cœur de fes concitoyens, non pour le plaifir malin de furprendre leurs défauts, mais pour leur préfenter un miroir falutaire. Il faifit les mœurs dominantes du fiécle, au milieu de ces mœurs fugitives que l'on prend fauffement pour elles, mais qui, comme les couleurs de l'iris, brillent & s'effacent. De plus, il préfide à la ma-

---

* *Nota.* Qu'on veuille bien fe fouvenir que l'on n'apprécie ce livre, comme les précédens, que du côté des talens littéraites ; pour le refte, on fe conforme aux décifions publiques.

nufacture des vases dans lesquels on doit boire ; il prononce sur la forme plus commode ou plus heureuse qu'ils peuvent recevoir ; il n'aime point, sur-tout, qu'on trouble les buveurs dans leur importante fonction ; & il crie *paix-là*, aux étourdis indiscrets. La probité lui forme un caractere ferme, où la franchise éclate avec une simplicité noble.

A ses côtés, deux voyageurs philosophes fixerent mon attention. L'un, d'une main forte applatissoit la terre ; l'autre, à travers mille dangers, alloit interroger la Nature aux lieux où elle gardoit le silence depuis l'origine du Monde. Celui-ci sembloit né pour parcourir le globe, & montrer à la terre ce que peut dans l'homme le desir de connoître. Celui-là dans ses vûes profondes sondoit le régne mystérieux de Vénus physique ; mais le premier plus heureux s'attachoit à la préserver de cette maladie désolante, qui flétrit la fleur de la beauté ; c'est à lui que nous devons en partie une révolution heureuse. Tous deux mettoient une chaleur singuliere dans leurs opinions ; mais celui qui avoit si bien calculé les plaisirs & les peines de l'homme, auroit dû calculer aussi les erreurs encore plus innombrables de son imagination. Je crois qu'alors il se seroit arrêté plus souvent, mais peut-être que la philosophie y auroit perdu, car n'y a-t-il pas un plaisir utile à considérer le jeu de toutes les idées possibles ?

Tu étois couché sur ces bords, toi scrutateur savant, peu fait pour être lû par la multitude, toi, qui plongé dans les ombres de la pâle maladie, conserve un esprit singulierement doué de pénétration & de sagesse. Je te vis appréciant tous les systêmes, en choisir le trait lumineux; tu appercevois dans la Nature une uniformité constante, & depuis l'astre étincelant enfoncé dans les déserts de l'espace, jusqu'au ver imperceptible, qui trouve sa nourriture & son asyle dans un grain de poussiere, tu découvrois que les mêmes principes de vie, de reproduction, & de destruction, leur étoient communs. Tu possédes de plus une métaphysique neuve & déliée. Lorsque tu parles de la Nature de Dieu, ta vûe profonde étonne ; l'enchaînement de tes idées vastes paroît analogue au plan universel de l'univers, où tout est lié par des rapports présens ou éloignés, mais toujours sûrs & inébranlables : reçois mon hommage & poursuis tes travaux.

Appuyé sur une charrue rustique, un sage méditoit à l'écart. Sur son front étoit écrit : *L'ami des hommes*. A ces caracteres sacrés je fus saisi de respect. Je lûs quelques feuillets épars autour de lui, & j'admirai cette ame fiere & sensible, qui défendoit avec tant de noblesse, de chaleur & de courage la cause si long-tems abandonnée des malheureux cultivateurs. Ce généreux citoyen s'écrioit : O Rois, ô Princes de la terre, venez tous ; venez poser votre couronne sur ce soc respectable, comme sur une base inébranlable ; c'est du sein de ce sillon que jaillissent la gloire, l'abondance & la splendeur des Empires. Tout à coup animé d'un zele patriotique, il poursuivoit la flamme à la main ce peuple de vautours, acharnés sur le cœur de la patrie, & tous les habitans du fleuve, en frappant des mains, applaudissoient à son courage. Ce n'étoit point l'amour d'une vaine renommée qui prêtoit de la force à son bras, c'étoit le cri impérieux de sa conscience qui se soulevoit à la vûe du foible opprimé, & du pauvre avili, découragé.

Un autre sage trempoit sa plume austere dans les ondes philosophiques, & traçoit dans les entretiens d'un juste de l'antiquité les devoirs des magistrats. Il exerçoit une censure ferme & utile sur leurs mœurs ; il leur recommandoit l'intégrité, le sacrifice des vains plaisirs, & sur-tout ce courage d'esprit si rare, mais en même tems si nécessaire aux interprêtes du peuple. Ensuite il faisoit voir les privilèges de la Nation, le contrat de ses membres, l'origine de sa grandeur, les causes qui pourroient hâter ou retarder sa ruine. Par-tout le citoyen zélé, le politique profond, l'écrivain sage, se faisoit reconnoître & respecter.

Mais quel est ce héros qui descend dans le fond des cachots, un flambeau à la main; il releve les cheveux épars sur le front d'un malheureux chargé de chaînes, & soulevant sa tête abattue sous le fardeau plus cruel du désespoir, il s'écrie: Nature, humanité, patrie, vois un homme, un infortuné, un citoyen; s'il est coupable, pleure & respecte l'humanité dans celui même qui l'a outragée; s'il est innocent, frémis, & hâte-toi de briser ses fers. Ce philosophe vertueux balançant le dommage des délits & la nécessité des peines, établissoit un juste équilibre qui pût assurer le repos civil sans avoir recours à la cruauté. Il plaidoit avec force en faveur de ces infortunés, victimes du démon de la propriété, qui ne doivent souvent leurs forfaits qu'à la dure insensibilité des riches. Tous les cœurs sensibles répondoient à ce cri élevé pour la premiere fois en faveur de cette classe d'hommes, qui, de quelque maniere qu'on les envisage, ont droit à notre pitié. Qui le croiroit ? cette voix tendre & sublime s'élevoit du fond de l'Italie. O révolution non moins heureuse ! un magistrat éloquent portoit l'accent victorieux de l'humanité en face des tribunaux, & à sa voix touchante, les pleurs de Thémis traversoient son bandeau.

Je retrouvai sur ces bords ce sage contemplateur, ce savant laborieux, qui n'a fait que passer sur la terre, & dont la mort a révélé le génie. Au milieu d'une vie agitée, & parmi des travaux qui ne donnoient rien à la gloire, il acquit des connoissances étendues. Il souleva le voile qui couvre l'antiquité, il débrouilla la mythologie, il détermina la forme du gouvernement le plus anciennement connu. Le spectacle assidu de la Nature, si capable d'enflammer toute ame née pour le grand, & le spectacle du malheur des habitans des campagnes, si triste à voir, mais encore plus propre peut-être à élever le cœur de l'ami de l'humanité, lui inspirerent des pensées fortes, grandes, & dignes du double objet qu'il avoit sous les yeux. Honorons cette tombe où il jouit d'un repos qu'il n'est plus au pouvoir de ce monde de lui ravir !

Quel est ce vieillard aveugle * qui s'appuye avec tant de complaisance sur le bras de son conducteur ? Que son front est vénérable ! Que ses paroles sont douces & pleines de sagesse !

---

* *Nota.* Pour éviter toute mauvaise interprétation des gens mal intentionnés, on déclare encore une fois que dans ce morceau, & dans les précédens, on n'a voulu louer que la partie approuvée de ces divers écrits, & qu'on n'a point voulu justifier ce qui a paru répréhensible.

Il s'entretient utilement avec ce guide ingénieux. On ne parla jamais plus éloquemment en faveur des Monarques & des Monarchies. En les voyant, j'apperçois l'union de l'esprit & de la raison. Approchons, que j'écoute encore une fois ce bon vieillard. » Mes
» amis, je le répete, un intolérant est
» un méchant homme & un mauvais
» citoyen ; un méchant homme, en
» ce qu'il tend à relâcher les liens qui
» doivent unir les hommes ; un mau-
» vais citoyen, en ce qu'il voudroit
» faire du Prince un persécuteur uni-
» quement occupé à servir ses fureurs
» particulieres. J'ai blanchi sous les
» armes, je suis entré dans le conseil
» des Rois, j'ai appris à connoître les
» événemens, j'ai toujours reconnu
» que tout citoyen qui vit paisible-
» ment est un très-bon sujet qui mé-
» rite la protection des loix, que le
» tourmenter au sujet de sa croyance,
» est une injustice abominable aux
» yeux de Dieu. Je suis dans un âge
» tranquille, où les passions menson-

» geres ne fatiguent plus les sens,
» mes yeux fermés à la lumiere ne
» sont point distraits par les choses
» de ce monde. Un vieux guerrier
» franc, droit & simple ne sait com-
» battre que les ennemis, & ne veut
» parmi ses concitoyens que concor-
» de, douceur & tolérance «.

Près de ce guide fidele s'avançoit un jeune homme à l'air noble, à la démarche fiere & tranquille; son organe avoit quelque chose de pompeux, mais les choses qu'il disoit répondoient à ce ton élevé. Il portoit à son bras les portraits des Sully des Daguesseau, des Descartes, des Marc-Aurele, & ces portraits étoient si beaux, si ressemblans, que ceux qui ne vouloient pas s'imposer les devoirs ou les vertus de ces grands hommes, frémissoient à leur aspect, de honte ou de courroux. Six couronnes brillantes ornoient son front, toutes faites pour l'immortalité; la flamme généreuse de la vertu brilloit dans ses écrits, & leur donnoit cette force &

cette chaleur qui ne font que le partage de ceux qui la chériffent pour elle-même. La nobleffe & l'élévation de fon ame s'imprimoient à chaque ligne que fa main traçoit; il jouiffoit de l'eftime publique, il la méritoit; & il avoit pour amis, fes rivaux, fes admirateurs, & fon fiécle.

Je lui difois : Ami, il te refte à fondre la ftatue coloffale du héros de la Ruffie ; c'eft à toi qu'il appartient de modeler en grand. L'airain bouillonne fous les feux qu'allume le ftatuaire; c'eft à la flamme de ton génie à vivifier tant de matériaux épars; pourfuis ta noble entreprife. La connoiffance des arts, les richeffes de la philofophie, les tréfors de l'imagination deviennent ton appanage.

Des poëtes, quoiqu'en très-petit nombre, venoient mêler quelques gouttes du Ruiffeau philofophique aux ondes du facré vallon ; mais tous ne favoient pas la mélanger avec la même habileté. Lucrece chez les anciens; chez les Anglois, les Auteurs de l'effai fur l'homme, & de ces complaintes immortelles adreffées à la nuit *; & parmi nous la Fontaine, Moliere, l'Auteur de la Henriade, & celui qui traça dernierement l'admirable Épitre au peuple, paroiffoient prefque feuls en pofféder le rare fecret. Chez les autres, la qualité de l'une fembloit l'emporter fur celle de l'autre, & où l'imagination trop brillante défiguroit la penfée, où la penfée feche étouffoit les graces de l'imagination.

Tandis que ces philofophes s'enivroient du vrai nectar des Dieux, une foule auffi infenfée qu'impuiffante & ridicule, crioit de deffus les hauteurs qui couronnoient ce Ruiffeau. Leurs yeux aveuglés ne favoient point le reconnoître; leur bouche groffiere n'étoit point faite pour favourer ces eaux divines; ils vouloient par leurs

---

* *Nota.* Les nuits du Docteur Young, poëte Anglois, ouvrage rempli d'une poëfie fublime. M. le Tourneur en va publier une traduction digne de l'original.

clameurs troubler les jours innocens & paisibles de ces hommes éclairés, dont le repos insultoit à leur folle inquiétude. Ils décochoient de petites aiguilles empoisonnées; mais ces traits de plomb qu'ils lançoient, leur retomboient sur le pied, & le dépit leur faisoit jetter des cris enfantins. D'un côté, c'étoient de frivoles versificateurs, qui se lamentoient de ce qu'on ne lisoit plus leurs productions fastidieuses; ils disoient que le goût étoit perdu, que l'esprit philosophique étoit la gelée destructive des fleurs embaumées qui ornoient nagueres le sein de la Nature; mais ces imputations étoient fausses, rien ne donnant plus de force à la poësie que la vérité & la raison; de l'autre, c'étoient de malheureux journalistes, des têtes étroites, des ignorans orgueilleux, des hommes brutaux, qui attaquoient ce qu'ils n'entendoient pas, qui insultoient aux premiers noms auxquels le public attachoit quelque estime, qui s'imaginoient enfin dans leur fureur imbécille, pouvoir passer un instant pour les rivaux de ceux dont il se rendoient audacieusement les adversaires. Ils ne recueilloient que cette attention passagere, que la malignité de l'homme accorde à ceux qui s'abandonnent au mépris public, en se livrant à l'odieux métier de la satyre, le dernier de tous les genres, devenu l'opprobre même de la basse littérature.

Cependant tout le monde vouloit porter dans un flacon de l'eau philosophique, car elle étoit devenue fort à la mode dans un pays où tout est mode. Mais comme cette boisson étoit extrêmement rare, & par conséquent précieuse, n'étant pas sur-tout facile à puiser, des gens se mirent à la contrefaire, à-peu-près comme dans cette Capitale les Marchands de vin fripons imitent les vins les plus exquis, & nous empoisonnent délicieusement. On acheta souvent de l'eau frelatée; on lui trouvoit un goût particulier, commode & agréable; chacun se piquoit d'en avoir, mais presque chacun en fut la dupe. Il arriva que les trois quarts de la Nation n'en retirerent d'autre fruit que des vertiges, des illusions, & de grandes douleurs de tête. Pendant l'accès on parloit sans s'entendre, on frondoit les nouveaux établissemens, on bâtissoit à son gré, on détruisoit à sa fantaisie, on dirigeoit les Empires, & dans un vol tout aussi libre, on alloit régler à la fois le système du monde physique, & celui du monde moral. On conseille donc une seconde fois à ceux qui ne savent point reconnoître cette eau de leurs propres yeux, de s'en abstenir, & de ne point se livrer à ces charlatans qui, plus cruels que les empiriques, tuent le bon sens; qu'ils s'adressent à ceux qui possédent la véritable; elle leur paroitra d'abord amere, mais s'ils y prennent goût, ils en éprouveront un effet salutaire. On veut par cet avis gratuit leur épargner bien des extravagances & des ridicules.

Mais une chose me fit rire par dessus tout. Des orateurs dont l'éloquence simple doit être le premier mérite, vouloient en faire usage dans la chaire d'où ils parloient au peuple, espérant par-là plaire davantage ; mais en admettant des idées fort étrangeres aux dogmes qu'ils annonçoient, ils déceloient leurs larcins ineptes. Mauvais falsificateurs, ils faisoient un mélange ridicule & contradictoire. Tels les opérateurs du grand œuvre en voulant concilier des élémens opposés, voyent leur récipient sauter en l'air, & ils se trouvent eux-mêmes plongés dans une fumée épaisse, où personne ne peut les reconnoître.

Une voix retentissante se fit alors entendre le long de la rive, & rendit attentifs tous les habitans du Ruisseau philosophique. Cette voix disoit:

Amis, il nous reste une conspiration utile à former ; elle aura pour but d'aider les loix par les mœurs, d'orner, d'embellir, de faire aimer ces maximes sacrées, qui font la force

& le soutien des Empires. Cessons de parcourir le vuide immense des régions métaphysiques ; vous le savez, au troisiéme pas, le flambeau s'éteint, & nous marchons dans les ténébres. A quoi nous servira de créer un monde moral, imaginaire, qui, dans la possibilité des choses, ne pourra exister que dans les révolutions les plus éloignées ? Revenons à l'homme tel qu'il est, à l'homme en société, à l'homme foible, inconstant, malheureux ; appliquons-lui le reméde convenable à ses maux présens; portons nos regards sur les besoins de la patrie, vouons lui notre voix ; cette législation douce & tranquille, qui agit par la force de la vérité, qui enchaîne par le pouvoir de la raison, nous appartient. Tel étoit le pouvoir respectable & légitime que les sages exercerent jadis sur les hommes, lorsqu'ils les firent sortir du fond de leurs foréts, pour les rassembler sous des loix sages. Hélas ! elles ont été corrompues ; mais, du moins, il y a tel genre de corruption dont on peut fortir à l'aide des lumieres ; il eft encore d'autre valeur que le poids de l'or, d'autres refforts que celui de l'intérêt. Donnons aux efprits une fecouffe utile, & portons-les du côté de l'honneur & de la vertu.

Et vous, ames fenfibles & timides, qui avez été effrayées par des terreurs paniques, raffurez-vous; quelques abus inévitables ne doivent pas balancer les plus grands biens. Ce font ordinairement les hypocrites qui fonnent l'allarme; ils fement l'épouvante pour la communiquer aux autres; ils ne veulent que nuire, ou venger leur orgueil. La vraie philofophie recommande la foumiffion à la Providence, l'obéiffance aux Puiffances de la terre, la patience dans les maux; il ne faut donc pas réduire au filence, les hommes qui ont cultivé leurs ames; ce feroit infulter à la raifon humaine. Croyez que les loix auront moins à faire, lorfque les loix feront établies par fon Empire. La philofophie, pro-
duit

duit le courage, établit la tranquillité de l'ame, nous sauve des desirs extravagans. Elle enseigne aux Rois à régner, aux sujets à chérir le devoir; elle prépare les matériaux tout prêts au législateur; elle l'éclaire, elle conduit son œil, & même sa main *. Elle parle sans cesse au peuple par l'organe touchant de la morale ; d'où viennent donc des clameurs contre cette philosophie, respectée dans tous les tems, & cultivée d'un pole à l'autre par tous les sages de la terre ? Du moins pour l'attaquer, il faudroit se servir des mêmes armes avec lesquelles elle a droit de se défendre. Qu'on cesse de persécuter des hommes tranquilles, pour des opinions. Veulent-ils les faire recevoir par force ou par surprise ? N'a-t-on pas le droit de les combattre ? En quoi peuvent-elles

---

* *Nota.* On ne veut parler ici que de cette philosophie sage, qui a pour but le progrès des arts, & qui est toujours soumise aux lumieres de la foi.

…re funestes au peuple ? Il est dans la Nature un cours de pensées, comme un cours d'événemens ; est-il en notre pouvoir de l'arrêter ? qu'elle s'éloigne donc, cette intolérance qu'on décore du beau nom de zèle, mais dont l'effet terrible est aussi étranger à la saine politique qu'à la bonne morale.

Pour nous, élevés au-dessus de l'ambition & de la fortune, plaçons-nous plus haut que les cris des méchans & des envieux ; ayons cette vigueur de l'ame qui résiste aux obstacles. La force d'esprit devient vertu dans les entreprises justes & raisonnables, qui ont pour but le triomphe de la vertu, & le bonheur des hommes.

Fin de la seconde Partie.

www.ingramcontent.com/pod-product-compliance
Lightning Source LLC
Chambersburg PA
CBHW071857230426
43671CB00010B/1383